Ser Mujer

Aborto: saber y decidir.

Lucila Mercedes Dondo

Carolina Antonia De La Fuente

Juan Ignacio Ravaioli

CONTENIDO

Por qué este libro — N° pag. 1

1 Estoy embarazada. ¿Qué hago?

El primer momento — N° pag. 3

2 Vínculo madre-hijo — N.º pág. 9

3 El vínculo continúa o se destruye — N.º pág. 13

4 ¿Por qué se elige abortar? ¿y por qué no? — N.º pág. 27

5 Mujeres reales, corazones reales — N.º pág. 39

6 La vida del otro — N.º pág. 48

Apéndices

1. Más allá de la propaganda — N.º pág. 53

2. Sanación — N.º pág. 66

POR QUÉ ESTE LIBRO

Si rápidamente quieres saber si este libro está a favor o en contra del aborto, te lo decimos enseguida: está a favor de la mujer. Las mujeres somos protagonistas de nuestra vida. Esto incluye nuestro cuerpo, nuestra mente, nuestra historia y nuestras emociones. Todas las decisiones que tengan que ver con alguna de estas esferas nos pertenecen. Por eso escribimos este libro. Porque habla del cuerpo, la historia y las emociones de las mujeres. De la vida entera. Pero con un foco particular: en caso de un embarazo inesperado, ¿qué hacer? ¿Cuál es la mejor decisión para mí? Para mi cuerpo, mente y espíritu; para mi vida. Quizá alguna vez te enfrentes a un embarazo de riesgo o que no estaba en tus planes. O quizá alguna vez tengas que aconsejar a alguien sobre qué hacer. Sentimos que es fundamental que tengas criterios humanos y verdaderos para tomar una decisión acertada o dar un buen consejo. En ese caso, nuestro criterio tiene un foco bien simple. Vamos a centrarnos en la salud y el bienestar de la mujer. Y este es el tema esencial. Todos hablan, pero casi nadie entiende, ni comprende, ni ayuda. Se denuncia, se propone, se debate. Y en el medio está la mujer, con su vida trastocada por un embarazo sobre el cual tiene que tomar una decisión que la afectará para siempre. Nadie puede tomar una decisión importante sin tener toda la información. Nuestra intención es darte elementos para que puedas formar tu propio criterio y desde allí tomar la mejor decisión. Si bien nos apoyamos en contenidos teóricos, principalmente nos basamos en lo que nos enseñaron la gran cantidad de mujeres que escuchamos y acompañamos personalmente. Y, aunque tu vida es única y no cabe en ninguna estadística, los testimonios de muchas otras te servirán para identificarte, comprenderte o bien para poder entender a una mujer que se siente confundida frente a su embarazo. Saber lo que siente, lo que piensa y lo que sufre una persona en esta situación. Es decir, conocer la encrucijada que está viviendo. A lo largo de estos años pudimos confirmar que ninguna mujer quiere abortar. Sin embargo, la intensidad de las presiones internas y/o externas, muchas veces puede llevarnos en esa dirección. Es entonces cuando como sociedad debemos hacernos presente. Estamos convencidas de que sólo acompañándolas y comprendiéndolas podremos tenderles una mano, que es sin duda lo que más necesitan.

ESTOY EMBARAZADA

¿QUÉ HAGO? EL PRIMER MOMENTO

Estás frente a un embarazo inesperado y acabas de sumergirte en un estado de crisis. No puedes creer que sea cierto. Te das cuenta de que estás embarazada y eso no estaba en tus planes. No importa tu edad, tu condición social, ni la situación personal en la que te encuentres. Este embarazo, en este momento, no es "oportuno". Probablemente sientes que tu vida se tiñe de negro y te resulta difícil ver o pensar más allá de tu problema. Lo que más deseas es poder volver el tiempo atrás… Todos tus pensamientos se centran en ver cómo encontrar la forma de que este embarazo no exista más. Quizás tus circunstancias son más extremas y tu embarazo es fruto de una violación, o bien tienes un problema de salud que se puede agravar con el embarazo…. Cualquiera sea tu situación, sientes que no puedes seguir adelante. En este apartado nos centraremos en las emociones y sentimientos que se despiertan cuando tomas conciencia de un embarazo que no estaba en tus planes, y al que además, rechazas.

En este primer momento- que no es un momento racional, precisamente- afloran sentimientos de irrealidad, miedos, dudas, inseguridades y negaciones. Te puedes sentir confundida, desconcertada, enojada, culpable y/o desprotegida. O peor aún, víctima de una injusticia y una aberración en el caso de violación o incesto. En cualquier caso, el sentimiento predominante es de angustia e incertidumbre. Sólo quién atraviesa por esta situación sabe lo que se siente. ¿Qué hacer? Las tres opciones. Lo primero que querrás, seguramente, es acudir a alguien, porque la carga emocional es demasiada para ti. Pero, ¿a quién? Cada persona con la que hables te dirá algo distinto de acuerdo a sus experiencias, sus puntos de vista, o incluso, a sus conveniencias. No dudamos que lo que quieren es ayudarte, sin embargo, puede ocurrir que frente a tantos pareceres te sientas más confundida. Por otra parte, es probable que te veas tentada a seguir los consejos de las personas involucradas y más cercanas. Sin embargo, por nuestra experiencia queremos decirte que la respuesta está adentro tuyo. Sólo conectándote sinceramente con tu interior es como podrás tomar esa decisión que sólo tú puedes tomar. Veamos juntas cómo, en esta instancia, inmediatamente se te presentarán tres opciones que, en los primeros momentos de toma de conciencia de un embarazo, muchas veces se perciben como igualmente malas:

- Tener al niño y criarlo.

- Tener al niño y darlo en adopción.

- Abortar.

¿Tenerlo? "No es el momento"; "no soy capaz"; "no tengo dinero, tiempo, salud, edad, o pareja estable"; "tengo otros planes para mi vida".

¿Darlo en adopción? "No puedo tolerar el embarazo un segundo más"; "no abandonaría a mi hijo, no me lo perdonaría nunca"; "sería una mala madre".

¿Abortar? "Yo siempre estuve en contra de hacer algo así…"; "sé que no es algo bueno…".

Un embarazo inesperado rompe todos los esquemas de la vida y uno tiene que enfrentarse a una decisión frente a la cual, al principio, no se encuentra salida. Veamos una por una las tres opciones, para entenderlas bien. Por qué se ve como mala la opción de tenerlo y criarlo. En los primeros momentos de toma de conciencia de un embarazo, esta opción es inconcebible, no resuelve el problema inmediato y angustiante (el embarazo mismo), sino que, por el contrario, plantea un escenario para toda la vida. Además de la responsabilidad que significa tener y criar un hijo, muchas veces lo que más impacta es la inseguridad y la incertidumbre que provoca lo no planeado.

Cada caso es único y cada mujer es única, sin embargo todas tienen razones para sentir que su hijo no fue buscado, sino todo lo contrario. Con lo cual sienten que él no será feliz, ni ellas podrán amarlo. Este sentimiento es entendible: nadie quiere traer un hijo al mundo para que sea infeliz, viva enfermo, pase hambre o no sea querido. Y es casi inimaginable amar a alguien que supuestamente viene a arruinar la vida y los planes del futuro. Cuando una mujer, en este contexto, se permite plantear la posibilidad de continuar con el embarazo, se enfrenta inmediatamente a esos motivos o circunstancias que la llevaron a pensar que no puede o no quiere continuar con el mismo. Esos motivos pueden ser:

• Familiares: siente que no podrá criarlo porque será una vergüenza o una decepción para los padres (en el caso de adolescentes); o bien porque ya tiene muchos hijos, porque su familia está llena de complicaciones como para recibir a otro bebé; etc.

• De pareja: es el hijo de una infidelidad o no tiene pareja estable; su pareja no lo quiere; no quiere criar a un hijo sin padre. Si tiene un hijo, siente que tiene que ser querido, no impuesto; etc.

• De salud propia o del niño: no se siente preparada física ni psíquicamente para criarlo, es muy joven o muy mayor; el bebé viene mal, tiene síndrome de Down, siente que no será feliz; etc.

• Económicas: no tiene dinero, a duras penas puede mantener a sus otros hijos, su pareja no tiene trabajo, a ella la echarán del suyo; etc.

• Personales: tenía otros planes, no es el momento, piensa que si cría a este niño se le cortarán los estudios, la carrera u otros proyectos personales.

• De victimización: en casos más difíciles de violación o incesto, siente que no podrá criar al hijo del responsable de esa aberración humillante, o que no lo podrá querer; pues siempre le recordará al agresor.

Obviamente, no podemos dejar de mencionar las presiones familiares o de la pareja, que pueden torcer la voluntad de cualquier mujer, especialmente de aquellas cuya autoestima no es muy fuerte; y más aún teniendo en cuenta que se encuentra en uno de los momentos más vulnerables de su vida. Con esto último nos referimos a mujeres que, estarían dispuestas a seguir adelante, pero reciben una gran presión ya sea por parte de la pareja y/o familiares cercanos, que de distintas formas intentan hacerles ver que el aborto es la única opción. Por qué se ve como mala la opción de darlo en adopción. Lo que vemos es que, en los primeros momentos de la toma de conciencia de un embarazo, para las mujeres, esta opción se ve tan mala como la de tenerlo.

La mujer siente que el gran problema no es lo que sucederá luego de nueve meses (el nacimiento), sino el embarazo mismo, lo que está sucediendo ahora. La mayoría no puede soportar la idea de continuar el embarazo un instante más. Prefieren, ante esta idea, abortarlo. En ese momento es muy común pensar que con el aborto se sacan el problema y éste desaparece, no está más.

En su imaginario, el problema se resuelve en ese mismo instante. En cambio, si piensan en entregarlo, tendrán que pasar los nueve meses de embarazo, sentirlo, ver cómo crece, atravesar el parto... una tortura. A su vez, la desconexión que se produce cuando se concibe la idea de abortar, es tan grande, que no pueden verlo como un hijo; por lo tanto, no cabría en ellas la posibilidad de pensar en un futuro para él. Finalmente, por qué se ve como mala la opción de abortar. Por nuestra experiencia — y si conoces a mujeres que hayan pasado por lo mismo, lo podrás comprobar- sabemos que ninguna mujer desea el aborto para su vida. Aunque en el momento parezca una solución, sienten (y muchas veces, de alguna manera, lo expresan) que es algo que va contra ellas mismas. Esto lo vemos constantemente reflejado en frases, muy comunes, como: "No es lo que más me gusta tener que hacer" o "sé que no está bien". Muchas veces sucede, y quizás sea lo que te está pasando, que ven el aborto como un mal menor. Esto lo vemos cuando escuchamos decir: "Es una decisión que nos costó mucho tomar", "Es algo que nos duele tener que hacer...", "Sabemos que después vamos a sentir culpa..., pero preferimos sufrir nosotros y no traer un hijo al mundo a sufrir" o, "hacer sufrir o defraudar a nuestros padres" (en el caso de las adolescentes).

Ninguna mujer quiere terminar con la vida de su hijo; porque, como veremos más adelante, en esta situación no puede verlo como tal. Lo que quieren es deshacerse de un problema momentáneo que sienten que pone su vida y sus planes en peligro. Y lo que más desean es "solucionar" el problema, sacárselo de encima. Es decir, tienen la ilusión de que el aborto puede "desembarazarlas" y devolverlas a la situación anterior a la crisis.

Queremos contarte que cuando una mujer piensa en al aborto como una posibilidad real, utiliza necesariamente mecanismos psicológicos tales como negación, racionalización y deshumanización que le permiten no ver que a quien llevan dentro es su hijo. Una forma de deshumanizar a ese hijo es auto-convenciéndose de que se trata sólo de "corregir un atraso de menstruación". "Yo prefiero pensar que todavía no es nada";

"Yo no pensaba hacer algo así, (refiriéndose a una "cirugía" mayor) sino corregir esto ahora, que estoy a tiempo...". De esta manera evitan tomar total dimensión de lo que están diciendo o de lo que están queriendo hacer. Sin embargo, más allá de lo que expresen, vemos que toda mujer tiene grabado en lo más profundo de su ser que ponerle fin a su embarazo no puede ser algo bueno.

Hasta aquí está planteado el problema de un embarazo inesperado y todo lo que se siente en los primeros momentos de toma de conciencia. Una vez más insistimos en que cada mujer es única (tú eres única) y merece toda la comprensión y ayuda para resolver esta situación.

En este capítulo solamente planteamos los caminos sin salida. Probablemente hayas sentido que no había mejores decisiones, sino decisiones menos malas. Vayamos, ahora, al capítulo dos, en donde vamos hablar solamente de una palabra: vínculo.

VÍNCULO MADRE-HIJO

La ciencia médica dice que desde el momento en que el óvulo y el espermatozoide se unen, dentro de tu cuerpo, (aun antes de que sepas que estás embarazada), se ha producido algo. Un vínculo, una conexión muy profunda. Un lazo emocional íntimo, muy íntimo.

A partir de ese instante, ya hay un vínculo real entre tú y tu hijo, aunque éste todavía mida unos pocos milímetros. Cualquier médico (incluso un estudiante de primer año de medicina) te lo puede decir: está científicamente demostrado que entre la mujer y el niño, en la concepción, comienza a establecerse un vínculo único e irrepetible, más allá de que ese embarazo sea aceptado o no. Con los avances de la ciencia médica, definir si el embrión es un ser humano o no, ya es una discusión superada. Biológicamente hablando, es alguien distinto a la madre. Sólo que muy pequeño, claro. Es decir, hay dos seres distintos unidos por un vínculo.

Disculpa que usemos tanto esta palabra, pero éste es el punto clave, el eje de todo este libro: el vínculo. ¿Cómo es y cómo se forma dicho vínculo entre la mujer y su hijo? Es importante que lo entiendas cabalmente porque de este punto depende todo lo demás que te iremos contando. Este vínculo está formado por dos partes inseparables:

• El vínculo biológico.

• Y el vínculo emocional.

Ahora veamos cada una en detalle:

El vínculo biológico. Al principio, apenas es concebido, cuando la mujer ni siquiera sabe que está embarazada, el embrión comienza a enviar señales químicas, dando lugar a los primeros cambios hormonales que, a lo largo del embarazo, la prepararán física y emocionalmente para ser madre. Como dijimos, en los primeros instantes el cuerpo de la madre "reacciona" ante el embarazo, preparándose para anidar y alimentar al niño. Y, por su parte, el cuerpo del niño se prepara para ser cobijado y alimentado en el cuerpo de su madre. Desde entonces, entre madre e hijo se da un intercambio a nivel hormonal. Aquí hay algo importante para destacar: el cuerpo de la madre reconoce al del niño como algo distinto al suyo. Es decir, no lo toma como un nuevo órgano, sino como un "inquilino" que vive dentro, pero que no es parte del cuerpo. Sin embargo, su cuerpo "tiende puentes" (vínculo físico) para cuidar, oxigenar y alimentar a ese otro cuerpo (el del niño) a través de la placenta y el cordón umbilical. Los cambios biológicos y hormonales van transformando el cuerpo de la madre, cambiándolo radicalmente para anidar, alimentar y, finalmente, hacer nacer al niño. Acabamos de hablar de la faceta biológica del vínculo; es el momento de que veamos la faceta más profunda.

El vínculo emocional. En el caso de los humanos, el vínculo emocional llega a ser más profundo que su faceta biológica. Al principio, muchas veces, aún sin saber que está embarazada, la mujer siente que lo está. Esto es porque todo lo que pasa a nivel físico tiene un correlato a nivel emocional, al principio inconsciente. Es como si el cuerpo le avisara a la mente que algo nuevo está pasando. Cuando la mujer finalmente corrobora su embarazo, es decir, toma conciencia, entonces puede aceptarlo o puede rechazarlo. En cualquier caso, no puede quedar indiferente. En ese instante, toda la psiquis y las emociones de la mujer se ponen en movimiento: alegría, incertidumbre, proyecciones, sueños, miedos. Y en los casos de un embarazo inesperado, aparecen en forma incrementada sentimientos negativos tales como angustia, rechazo, culpa, soledad, impotencia. A partir de este momento, se intensifica el vínculo emocional y psicológico con el niño (que se había iniciado desde la concepción y hasta ese momento permanecía inconsciente). Como dijimos, puede ser alegre o angustiante, pero existe un vínculo, una relación. La mamá proyecta cosas en ese niño, se imagina el futuro inmediato y no tanto, necesita comunicarle a alguien la novedad, se pregunta cuándo lo concibió, por qué, con quién (si no tiene pareja estable); no puede permanecer indiferente, porque toda su vida cambia con esta nueva realidad. Está distinta, como sucede cuando alguien se vincula con otro alguien. Su mente, sus emociones y sus afectos se mueven por esa novedad, el embarazo. Y al igual que con en el vínculo biológico, el vínculo emocional evoluciona y crece si el embarazo sigue su curso.

Esta relación emocional irá preparando a la mujer para ser madre. La mujer sentirá al niño, lo incorporará a sus sueños, le hablará, se imaginará su rostro, tendrá miedos por él o ella, se irá vinculando de una forma tan intensa (feliz o angustiante), que es difícil de imaginar o explicar. Finalmente, a diferencia del vínculo biológico, el vínculo emocional entre una madre y un hijo nunca termina. Es decir, aunque biológicamente se desvincule de la madre, porque al nacer se habrá separado físicamente, el lazo emocional permanecerá para siempre; de un modo consciente o inconsciente, aceptado o reprimido. Ahora bien, en el párrafo siguiente veremos qué sucede con el vínculo (biológico y emocional) en el caso de un embarazo que no se desea. Responder a esta pregunta nos aclarará algunos interrogantes. ¿Cómo puede existir un vínculo si se rechaza el embarazo? Sí, a simple vista es algo contradictorio. Sin embargo, como venimos viendo, independientemente de los deseos de la madre para con el embarazo, este vínculo físico y emocional existe. El físico es obvio, porque el mismo cuerpo lo crea, sin "consentimiento" de la mujer. Lo curioso es la existencia del vínculo emocional, que permanece aún cuando ese niño es rechazado y aun cuando racionalmente la mujer no se da cuenta o no acepta la existencia de ese vínculo. ¿Y lo más increíble de todo? Este vínculo no es algo cultural, aprendido, no se puede enseñar, no es una moda o una costumbre de ciertas épocas. Es, lisa y llanamente natural.

No por nada a la naturaleza le tomó millones de años de evolución llegar a dotar a una mujer con un instinto de madre que es más fuerte (a veces, en casos extremos) que su propio instinto de supervivencia. Este vínculo llevó años de perfeccionamiento y es tan natural y tan básico como cualquier proceso del cuerpo. Te vamos a contar algo que siempre nos deja sorprendidas en nuestros acompañamientos: este lazo es tan fuerte que, si bien en muchos casos, desde lo racional, pareciera que muchas mujeres desean terminar con la vida de este hijo, su deseo real es el de continuar con este vínculo. Su naturaleza sabe que de la continuidad de dicho vínculo depende gran parte de su salud emocional, psicológica y física, y, obviamente, la vida del bebé. Por nuestra experiencia en los acompañamientos de más de dos mil mujeres con intención de abortar, vemos claramente que, aunque a nivel consciente no lo pueda reconocer, toda mujer sabe que lo que lleva adentro es su hijo; y si se permite conectarse consigo misma, esto se le presenta con absoluta evidencia y claridad. Luego, qué hacer con esa verdad, cómo manejarla y cómo tomar una decisión frente a este embarazo, que a su vez no la perjudique, es otra cuestión que veremos en el capítulo siguiente. Gracias por haber leído hasta aquí. Hemos llegado a la parte del libro en la cual veremos los posibles finales de este vínculo. Sólo hay tres finales posibles.

EL VÍNCULO CONTINÚA O
SE DESTRUYE

El vínculo continúa o se destruye.

Este capítulo es esencial, porque juntas transitaremos los tres desenlaces posibles frente a un embarazo. Estos son:

- El nacimiento.

- El aborto natural o espontáneo.

- El aborto provocado.

En primer lugar, nos sacaremos el prejuicio de que el aborto es un tema religioso, ideológico o político. Veremos que es un asunto médico y psicológico, pero principalmente humano y, sobre todo lo anterior, es un tema que compromete nuestra esencia de mujer. Antes de seguir, repasemos rápidamente la idea del capítulo anterior, en el que vimos que un embarazo implica necesariamente un vínculo; biológico y emocional. El más íntimo posible entre dos personas. Y, a diferencia de cualquier fenómeno biológico o psicológico, el embarazo es un proceso que vincula dos cuerpos diferentes, y más aún, dos personas diferentes: el de la mujer y el del niño. En cuanto a la salud y mayor bienestar de la mujer (que es la razón por la cual escribimos este libro) hay que tener en cuenta que las consecuencias de estos tres finales no son iguales; y por tanto repercutirán de un modo diferente en su vida, tanto a nivel físico como emocional. Por eso es importante que sepas y entiendas que para la mujer, la diferencia entre un camino u otro (nacimiento o aborto), es sustancial. Veamos lo que sigue.

Primer desenlace posible: El nacimiento. Recordemos que estamos frente a un embarazo inesperado, o no planeado. La mujer (quizá tú misma) por una o muchas razones no quiere a ese hijo. Ante esta situación de fuerte crisis, ¿cómo es posible que una mujer (estando embarazada contra su voluntad) decida continuar con su embarazo? ¿Qué sucede en su mente y emociones para tomar esa decisión? Pues te lo vamos a contar, basándonos en nuestra experiencia en los acompañamientos. Lo que sucede es algo muy natural: la mujer, a pesar de sus dificultades, entra en contacto con sus instintos más profundos. Esos instintos que la evolución desarrolló a lo largo de años y que piden a gritos una sola cosa: que la nueva vida se abra camino y que la propia vida se conserve íntegra. ¿Increíble no? Sí, lo vemos todo el tiempo en nuestros encuentros. Toda mujer tiene la capacidad, aún en los casos más extremos, de ubicarse por encima de sus circunstancias. Es decir, toda mujer puede tomar distancia de las presiones de los demás y de su propia tormenta emocional. Sólo de ese modo queda preparado el terreno para que pueda surgir con fuerza lo más primario e instintivo de su ser. Es entonces cuando puede empezar a vislumbrar que la decisión más natural (sin importar si el embarazo es deseado o no) es dejar que la naturaleza siga su curso. Y en el caso contrario, intuye que terminar abrupta e intencionalmente con ese embarazo va en contra de su instinto de mujer. Por supuesto, creemos importante aclarar que este cambio no se dá de manera mágica. Lograr conectarse con la verdad más profunda es un proceso que depende de los tiempos de cada mujer. ¿Pero cómo puede ser que una mujer cambie de decisión y acepte ese embarazo, aún cuando todo indica que lo más "lógico" es no continuar con el mismo? Pues porque por encima de toda lógica parcial, hay una lógica más sólida e indiscutible, que es la de su propia naturaleza. En el fondo de su ser, toda mujer sabe que al acabar con la vida de ese hijo, acaba con una parte de su propia vida; sabe que es algo antinatural, autodestructivo, y contrario a todas las fuerzas vitales que lleva en su misma esencia de mujer. En otras palabras, todo cambia cuando la mujer descubre que detrás de ese embarazo hay un otro que es su hijo. Es decir, deja de verlo como un objeto abstracto, un atraso en la menstruación, o un manojo de células y, en cambio, lo humaniza, lo ve como a una persona. Una persona que, además, depende de ella para vivir. Por último, nuestra experiencia, además, nos demuestra que en esta situación adversa, la presencia, el apoyo y la contención del entorno (ya sea familiar o profesional) contribuye favorablemente a esta toma de conciencia.

¿Qué le pasa a una mujer cuando elige continuar con su embarazo? ¿Desaparecen las inseguridades, culpas, angustias? ¿La mujer se vuelve racional y objetiva, fría y lógica? No necesariamente. Lo que cambia, en definitiva, es que la mujer deja de ver al embarazo como un problema del cual hay que deshacerse. El percibir que lo que lleva adentro es su hijo le ayuda en parte a llevar adelante toda la carga de angustia interna y presiones externas. Cuando los problemas cobran su dimensión real, la mujer siente que todo se ordena. Estos problemas o dificultades que hasta entonces se veían bajo una "lupa negra" y parecían imposibles de superar, ahora se pueden ver o abordar desde otra perspectiva. Indudablemente para ese entonces la mujer está "parada" desde otro lugar. Al aceptar su embarazo, la mujer siente un gran alivio, siente que ya no está "desdoblada". Antes, sentía que su cuerpo y emociones iban por un lado (conservar la vida) y su mente por otro (eliminarla). Nosotras lo vemos a diario: muchas mujeres que estaban fuertemente tensionadas, angustiadas o a la defensiva; en el momento en que aceptan el embarazo, nos dicen que se sienten aliviadas y en paz. ¿Por qué? Porque se conectan con lo que les pasa y logran que su mente vaya por el mismo carril que su cuerpo y sus emociones. Lo que ocurre es que la mujer, al entrar en contacto con su realidad más honda, siente una fuerza interior que hasta ese momento desconocía tener. De esta forma cuenta con una energía que le permite hacer frente a los obstáculos en torno a ese embarazo. En ese momento, en el interior de la mujer, la vida vence a la muerte. La responsabilidad, la esperanza y el sentido logran ubicarse por encima de la victimización, el individualismo y la angustia. Tiene la convicción de estar haciendo lo que siente que es lo mejor, por más difícil que pueda resultar; y esto le proporciona un cierto bienestar. ¿Cómo se sobrelleva un embarazo no deseado hasta el nacimiento? Acabamos de ver que cuando la mujer toma conciencia de que su embarazo implica un vínculo madre-hijo, persona-persona, todas las circunstancias negativas pierden proporción ante esa realidad absoluta. No desaparecen, sino que se ven desde otro lugar. Mirar las cosas desde otro lugar le permite a la mujer evaluar dos de las opciones que en los primeros momentos de la toma de conciencia de su embarazo le parecían inconcebibles:

- Criar al hijo o

- Darlo en adopción

Como sabemos, en los largos nueve meses del embarazo se producen distintos cambios (emocionales, físicos, de actitud, de comportamiento) que ayudarán a la mujer a adaptarse a su nueva situación y a pensar en opciones en las cuales el niño esté presente. Pudimos observar que, incluso en el entorno más adverso que presiona para que el aborto se lleve a cabo (ya sean los padres, la pareja o los empleadores), si la mujer decide continuar con su embarazo, hay un cambio de postura y respeto hacia esa decisión. Cuando el niño nace, casi todas las personas que presionaban para que ese embarazo no continuara, se prestan a apoyarla, cambian de actitud, cuidándolo y mimándolo como a cualquier niño. Pero retomemos: como dijimos, cuando la mujer opta por seguir su embarazo no deseado, las dos opciones (criar al hijo o darlo en adopción) cobran ahora otro relieve y ya no se ven al mismo nivel que la opción de abortarlo. Ya no se perciben como igual de malas, porque ahora se ve al niño como a una persona que necesita de ella para seguir creciendo. Es tan consciente de esta realidad que, aún cuando por diferentes circunstancias la madre no puede criarlo, está dispuesta a entregarlo al cuidado y amor de otros, ya sea una familia o una institución. Es decir, si la mujer sabe que su hijo es alguien, obrará en consecuencia; si es fiel a sí misma y logra defenderse de las presiones familiares y de su entorno, asumirá la responsabilidad de criar a su hijo o bien -como ya dijimos- en caso de no contar con los recursos emocionales y/o económicos para hacerlo, lo entregará en adopción. Con respecto a esto último queremos destacar que, en nuestra experiencia, sólo unas pocas que llegaron a tomar conciencia de la presencia de su hijo, lo entregaron en adopción. Esto nos demuestra que, aún cuando al inicio sienten que no pueden continuar con su embarazo, en su gran mayoría terminan siendo capaces de criar a ese hijo.

Segundo desenlace: el aborto natural o espontáneo. Este es un caso muy especial porque, de hecho, lo que se produce es la interrupción involuntaria del embarazo antes del nacimiento. Si te ha sucedido o tienes alguna conocida que haya pasado por esta situación, sabrás que es algo emocional y físicamente muy doloroso. Esto provoca, muchas veces, un daño afectivo y, en algunos casos también, consecuencias físicas en el cuerpo de la mujer. Sin embargo, no nos olvidemos de algo: el aborto espontáneo es natural. La misma naturaleza, por alguna razón, no logra consumar esa vida, y termina el vínculo físico (no así el emocional o espiritual) sin que la madre intervenga activamente para destruirlo. En esta interrupción del vínculo madre-hijo, el trauma emocional y físico existe, pero obviamente, su sanación será mucho más simple que en el caso de un aborto provocado. Sencillamente porque la mujer no fue en contra de su instinto más básico, (cuidar su vida y la de su hijo), sino que, sin que ella lo quisiera, la naturaleza tomó otro camino. A su vez, la elaboración del duelo por la pérdida de un bebé, es más fácil si la mujer tuvo antes la posibilidad de "abrazar" y hacerle un lugar en su vida. Por el contrario, si la pérdida se produjo en el contexto de no aceptación de ese embarazo, la elaboración del duelo será más difícil, ya que la mujer tendrá que lidiar, además, con fuertes sentimientos de culpa.

Tercer desenlace: el aborto provocado. Recordemos el propósito de este libro: salvaguardar la salud y la dignidad de la mujer. Por eso, te pedimos que no pierdas de vista este foco, porque desde él abordaremos este apartado. En él te contaremos algo de lo que pocas veces se habla: las consecuencias del aborto. Porque si tú no lo sabes, no podrás decidir qué hacer con tu embarazo con total conocimiento del impacto de una u otra decisión. Nosotras (como acompañantes en estos casos) sentimos que la desinformación en este tema produce un profundo daño en la mujer; no sólo en cada una de ellas como personas, sino además, en la sociedad en general. Repasemos lo que vimos: ninguna mujer quiere abortar. Sin embargo, el aborto existe. Influenciadas por presiones externas e internas, las mujeres hacen oídos sordos a su interior y, sin ser del todo conscientes, se lastiman a ellas mismas. Lo que queremos destacar ahora es que el aborto, como todo acto que atenta contra la naturaleza, tiene sus consecuencias. Es sabido que por la ética universal del mutuo beneficio no podemos beneficiarnos a expensas de los demás; es decir que una mujer que termina con la vida de un individuo de su misma especie (y además su hijo), sufre inevitablemente un daño, una profunda herida en su propia naturaleza. Hay quienes dicen que con el aborto "una parte de la mujer también muere". Las consecuencias del aborto han sido estudiadas en numerosos casos de mujeres de todo el mundo, y se agrupan en lo que se llama Síndrome Post Aborto. Como su nombre lo indica, es un síndrome que agrupa los efectos emocionales y físicos en la salud de la mujer. Estos efectos pueden aparecer inmediatamente después de realizado el aborto, o bien pueden transcurrir algunas semanas o hasta años antes de que aparezcan. En todos los casos, de alguna u otra manera (consciente o inconscientemente) finalmente se manifiestan. Las consecuencias del aborto en la salud de la mujer son de dos tipos:

• Físicas.

• Psicológicas.

Te invitamos a ver cada una de ellas en profundidad.

Consecuencias físicas. A pesar de que en muchos países el aborto está regido por ley y se practica en hospitales con todos los cuidados sanitarios, aún así muchas veces deja secuelas en el cuerpo de la mujer. La causa ya la conocemos: la interrupción voluntaria de un proceso natural (tan delicado, en este caso) siempre tiene efectos secundarios, o consecuencias. En muchos casos son inmediatas y en otros, tardías. Algunas de las complicaciones inmediatas que pueden presentarse son:

• Hemorragias.
• Infecciones.
• Perforación del útero. Las complicaciones tardías que pueden llegar a presentarse dos o tres semanas después del aborto o en el futuro, son:
• Esterilidad.
• Embarazos extrauterinos.
• Puede darse una apertura permanente del cuello uterino: esto no produce molestias en la mujer, pero podría suceder que, en cada embarazo, el cuello uterino no pueda sostener al nuevo niño luego de cuatro o cinco meses de gestación, o que se produzcan partos prematuros.

Consecuencias psicológicas. "Es más fácil sacar al niño del útero de su madre que sacarlo de su mente y su corazón". Desde el aspecto psicológico, el aborto es un hecho autodestructivo y las consecuencias existen. Tal como vimos, hay mujeres que las sufren inmediatamente después de realizarse el aborto y otras que las padecen meses o años más tarde. El momento y la intensidad con que se presentan dependen de las características personales y familiares de cada mujer. Estos síntomas y conflictos se desprenden naturalmente de la ruptura del íntimo y único vínculo que una mujer establece con su hijo (ver capítulo 2).

Como ya vimos, a pocas horas de producirse la concepción se inicia entre madre e hijo un vínculo afectivo único. Es por esto que una mujer al romper este lazo emocional a través de un aborto, padece física y emocionalmente las consecuencias de esa pérdida. Pero antes de ir a las consecuencias, veamos muy brevemente qué es aquello que predispone a una mujer a pensar en el aborto, aún muchas veces sabiendo lo nocivo que es para su vida. Para ello nos basaremos en una profunda investigación realizada por el Dr. Philip Ney, quien estudió las causas y consecuencias psicológicas del aborto[1]. Este médico pudo ver que quienes llegan a esta instancia de pensar en la posibilidad de abortar, generalmente suelen ser mujeres con carencias de afecto en sus infancias y con historias familiares en las que el maltrato aparece como un modo habitual de vincularse. Por esto, son personas que tienden a estar emocionalmente más adormecidas y desensibilizadas. Es probable que posean un pobre registro de lo que les pasa, de lo que sienten y de sus deseos y necesidades; redundando esto en una marcada baja autoestima. Si bien esto lo veremos en profundidad en el capítulo siguiente, ahora queremos adelantarnos con algo que puedes estar sintiendo.

Quizás lo que recién describimos puede parecerte un poco fuerte. Queremos decirte que lo que acá queremos reflejar es una constante que puede ser más o menos visible. Sin embargo, sea

---

[1] Todo lo estudiado y afirmado por este médico psiquiatra, nosotras lo pudimos ver, conocer y constatar en muchas de las historias de las mujeres que atendimos y escuchamos. ¿Quién es Phillip Ney? Es un médico que creció en Canadá, se graduó en medicina en la Universidad de British Columbia y se capacitó como psiquiatra infantil y psicólogo infantil en la Universidad de McGill, Universidad de Londres y Universidad de Illinois. Es académico y clínico desde hace 30 años. Ha enseñado en cinco escuelas de Medicina, fue profesor de tiempo completo tres veces, ejerció como Presidente de Departamento en un hospital y academia, y estableció tres centros de psiquiatría infantil. Ha realizado investigaciones sobre el abuso infantil durante veinte años y publicó más de veinticinco ensayos y libros sobre este tema. Durante su primera época de investigación, tomó cada vez más conciencia de la conexión que existe entre el abuso infantil y el aborto. Últimamente ha estudiado a niños sobrevivientes del aborto. NEY, P., "Deeply Damaged", Victoria – Canadá, Pioneer Publishing, 1997, pág.8.

como sea, siempre funciona como causa primera que lleva a una mujer a pensar en abortar. ¿Te preguntarás qué relación tiene esto con las consecuencias psicológicas del aborto? Justamente, la deshumanización de estas mujeres y la baja autoestima son los síntomas que se verán principalmente agravados por el aborto y que aparecerán como telón de fondo en la conflictiva que padecen luego de abortar.

Ahora veamos en detalle algunas de las consecuencias.

Duelo. El duelo es el dolor que sentimos cada vez que sufrimos la pérdida de un ser querido. Este se activa cada vez que nos separamos de aquel en quien estaba puesto nuestro afecto. En el caso del aborto el duelo está en relación al vínculo consciente o inconsciente que, como vimos, se establece entre la madre y el bebé durante el tiempo que dura el embarazo. Para poder elaborarlo sanamente toda mujer necesita contar con el tiempo y el espacio que le permita llorar y lamentar aquello que perdió. Sin embargo, cuando ocurre un aborto, el duelo es particularmente difícil de elaborar. ¿Cómo llorar a un bebé al cual su madre nunca vió, ni tocó, ni enterró? ¿Cómo sentir su pérdida si para esa mamá el vínculo con ese bebé no fue registrado? No nos olvidemos que para esa mujer aquello que abortó es un "algo", pero nunca un "alguien", porque de otro modo no hubiera podido hacerlo. Para poder llorar a su bebé y sentir el profundo dolor que hay en ella, tiene que poder ver que lo que llevaba dentro es una persona, un hijo y, esto último es muy doloroso. Por eso, generalmente estamos en presencia de un duelo patológico que aparece bajo la forma de una depresión sub clínica. La mujer se siente triste y no sabe por qué, tiene ganas de llorar y desconoce el motivo, se siente cansada, sin energías, desganada y es muy probable que sufra también dolores de distinto tipo: de espalda, de estómago, de cabeza, etc,.

Culpa y temor al castigo. La culpa es la conciencia intuitiva de haber provocado un daño, frente al cual se espera recibir un castigo. En el caso del aborto, la culpa tiene una raíz biológica.

Es decir, tiene que ver con el hecho de haber atentado contra un individuo de la misma especie. Y en este caso, aunque resulte doloroso, contra su propio hijo. Teniendo en cuenta la naturaleza de esta culpa, la mujer que abortó la sufre necesariamente, ya sea en forma consciente o inconsciente, más allá de su formación, ideas y/o creencias. Por otro lado, la culpa tiene la función de mostrarnos que algo hicimos mal. Una vez que podemos reconocer aquello en lo que nos equivocamos, la misma cede para dar lugar al arrepentimiento y la reconciliación. Por lo mismo que vimos anteriormente, la culpa, al igual que el duelo, es muy difícil de elaborar ya que supone reconocer que a quien se le privó de la vida, era su hijo. Por esta razón, el sentimiento de culpabilidad, lejos de desaparecer permanece de un modo inconsciente. Es así que generalmente la mujer queda ligada a esa culpa, buscando inconscientemente recibir el castigo que siente que le corresponde. Es por esto que estas personas tienden a verse envueltas en comportamientos autodestructivos como pueden ser la droga, el alcohol, la promiscuidad, otros abortos, y en casos extremos ideas o tendencias suicidas. Asimismo suelen presentar un fuerte temor a recibir un castigo por parte de Dios o del destino, de modo tal que esperan lo peor, dando lugar a una visión pesimista de la vida. Este temor al castigo puede aparecer también en la mujer que abortó, como miedo a que le pase algo a ella (que no pueda tener más hijos, o que contraiga una enfermedad grave) y/o a sus hijos. Temor a la propia agresividad. Todas las personas contamos con canales naturales que son flexibles y que nos permiten regular nuestros impulsos agresivos. Con el aborto, la descarga de agresividad es tan masiva que estos canales se rompen. Es por esto que una mujer que pasó por esta experiencia siente que ha perdido el control de su propia agresividad, y teme, de ahí en más, dañarse a sí misma y/o a los demás. Esto es lo que suele llevarlas a evitar toda situación que pueda despertar su impulsividad. En estos años conocimos muy de cerca a una mujer que habiéndose realizado dos abortos, en una oportunidad nos relata, con una situación muy concreta, cómo se identifica con este síntoma que acabamos de describir. Durante mucho tiempo, mientras cocinaba, en el momento de tomar la cuchilla, la invadía un grandísimo temor de no poder controlarla y terminar agrediendo a sus hijos. (Sus otros tres hijos que tuvo luego de los dos abortos). Intensificación de la ira. La ira es una respuesta instintiva que se activa cada vez que tenemos una pérdida, sea esta temporal o permanente. Esta respuesta tiene la función de darnos la energía necesaria para recuperar aquello que perdimos. Por ejemplo, si una mamá con su hijo pequeño está por cruzar la calle y éste se suelta de su mano y lo hace solo y corriendo, es muy probable que la reacción de la madre sea agarrarlo del brazo y gritarle, para protegerlo y mostrarle lo peligroso de lo que hizo. En este ejemplo la pérdida fue temporal. En el caso del aborto, aún cuando la misma es permanente, este mecanismo se activa en la mujer. La ira se transforma luego en bronca y enojo. Este enojo generalmente está dirigido hacia ella misma y hacia todas las personas que, directa o indirectamente, participaron en la decisión y/o en la realización del aborto. Sin embargo, muchas veces esta bronca no es reconocida y se descarga, a través de episodios de rabia, hacia situaciones, cosas, o personas que nada tienen que ver con el verdadero origen de la misma. Sentimientos de incompletud, vacío y malestar. Estos sentimientos se despiertan como consecuencia de haber interrumpido bruscamente el proceso psicofísico que se inicia con el embarazo y que, como bien sabemos, es esperable que concluya con el nacimiento del bebe. Recordamos el caso de una mamá que cuando llevaba tres meses de embarazo, ante la imperiosidad por deshacerse de él, manifestaba no sentir nada en relación a ese hijo. Sin embargo, luego de abortar, nos llamó desesperada, afirmando que el vacío que ella sentía no se lo deseaba a nadie.

Alteraciones a nivel del bio-ritmo. Estas suelen manifestarse a través de alteraciones en el apetito, en el deseo sexual y en el sueño. Las alteraciones del sueño, tienen que ver con el registro que tiene la mujer de todo lo que le pasa al bebé antes, durante y después del aborto, aún cuando la mujer haya estado bajo el efecto de la anestesia. Suelen presentar dificultades para dormir y/o sufrir pesadillas en las que sueñan con sangre, partes del bebé, con oscuridad, gritos y llantos. Síndrome del aniversario y revisión del trauma. Se ha comprobado que suele haber un agravamiento de los síntomas en dos fechas particulares en el año. La fecha en la que la mujer abortó y en la que el niño podría haber nacido y que, por lo tanto, sería su cumpleaños. Hay casos en que se revive continuamente el momento del aborto de un modo muy profundo. Aunque pasen cinco, diez o quince años, se recuerda la vestimenta de la enfermera, las paredes de la habitación, etc. Se preguntan a menudo cómo sería el niño, qué estaría haciendo en estos momentos, etc. Una persona que acompañamos; el día que se cumplía un año de su aborto, nos contó que estuvo llorando desde el momento que abrió un ojo al despertar y que recuerda minuto a minuto lo que vivió ese día. "No puedo con el cargo de conciencia, no tengo consuelo". Refirió estar hace tres días con un dolor de ovario que se moría. Esa noche soñó que le reprochaba a su novio por lo del aborto. "Tengo la sensación de estar sola de nuevo".

Consecuencias con la pareja actual. Es de esperar que la destrucción voluntaria de un vínculo tan único y tan cercano como es el que tiene una madre con su hijo, afecte al resto de sus vínculos afectivos y familiares de la mujer que abortó. Generalmente ocurre que gran parte de los vínculos previos al aborto (amigos, familiares, pareja) se rompen. ¿Por qué? Muy posiblemente porque en forma consciente la mujer tenderá a buscar un culpable del dolor emocional y físico, y es lógico que lo encuentre en la pareja, los amigos o los familiares que apoyaron el aborto. En el caso de las parejas de novios es muy probable que la relación se rompa definitivamente. En algunos casos puede ocurrir que el hombre dé por terminada la relación una vez que se "solucionó el problema" del embarazo, dejando a la mujer "liberada del asunto", pero con toda la carga emocional a cuestas. En otros casos se destruye el vínculo, quedando ambos con una sensación de vacío (o de reproche mutuo), lo que dificulta el encuentro y la comunicación entre ellos. En las parejas estables o matrimonios, muchas veces se pierde el respeto entre los cónyuges y las tensiones surgen en ocasiones que nada tienen que ver con el aborto, donde hasta las pequeñas cosas suelen ser causa de grandes disgustos. Además, es muy normal la pérdida del deseo sexual y el temor a tener relaciones, a que ella quede nuevamente embarazada y tener que pasar otra vez por el mismo trauma. Y en el caso de la familia y el grupo de amigos, también las relaciones se resienten, debido al reproche, el remordimiento y el aislamiento.

Muchas veces sucede que la mujer tiende incluso a romper relaciones con aquellas personas que intentaron convencerla de que no abortara, sea por vergüenza a enfrentarlas o por temor a sentirse juzgada por ellas. Consecuencias con la pareja futura. Como vimos, en gran cantidad de casos, las relaciones de pareja tienden a romperse con el aborto. A muchas mujeres, esto les provoca aún más aislamiento y soledad y muchas veces dificulta que vuelvan a intentar formar pareja. En otras situaciones, el hecho de haber abortado es vivido como algo inconfesable y doloroso para la mujer, que teme contarlo a su nueva pareja. Ocultar algo tan importante puede provocar en ella sentimientos de inseguridad y culpa por no poder ser transparente con la persona que ama. La inseguridad se da básicamente por el miedo al juicio de su nueva pareja, el miedo a lastimarla y el miedo al rechazo. Además, puede temer tener reacciones emocionales (depresión, llanto, frigidez o falta de deseo sexual, terror a quedar embarazada, etc.) de las que no podrá dar explicaciones sin mencionar el tema del aborto previo.

Para terminar, luego de esta larga enumeración de síntomas y conflictos quizás sientas que estos no son tan reales. Puede parecerte que "no es tan así" o bien, conoces mujeres que, como suele escucharse, "lo hicieron y hoy están bien". Queremos aclararte que estos síntomas, al ser inconscientes, no son necesariamente visibles. Muchas veces están en forma oculta, escondidos, y repercuten en la vida de las mujeres incluso sin que ellas mismas registren y atribuyan a este hecho las causas de sus conflictos. Hemos recorrido una serie de realidades fuertes y dolorosas, que es importante que conozcas si estás pensando en hacer o recomendar un aborto. Hemos tratado de ser lo más claras y sinceras posibles contigo, sin ocultarte ni suavizarte nada, porque la misión de este libro es que puedas elegir lo mejor para tu vida y tu salud, que es el objetivo que tuvimos en cuenta. Y para elegir sobre algo tan importante, hay que saber. Y sentir.

Como vimos, la cuestión del aborto no es un slogan bonito ni un asunto de los políticos o los médicos, sino un asunto íntimamente femenino, tuyo, que tiene consecuencias físicas y emocionales para el resto de tu vida. Para cerrar este capítulo, queremos remitirnos a Freud, sobre algo que dijo acerca del duelo: "Las causas desencadenantes de un duelo pueden ser múltiples, pero todas tienen una base común: la valoración afectiva que consciente o inconscientemente es atribuida a la pérdida". ¿Qué queremos decirte? Que el duelo por la interrupción voluntaria del vínculo madre-hijo causado por el aborto provocado, es uno de los más profundos que existen. Gracias por haber leído hasta aquí. En el próximo capítulo veremos qué es lo que lleva a estas mujeres a pensar en el aborto. Intentaremos describir qué pasa en el interior de ellas; algo que brevemente ya te esbozamos en este capítulo, y en lo que ahora nos parece importante detenernos con más detalle.

¿POR QUÉ SE ELIGE ABORTAR? ¿Y POR QUÉ NO?

¿Por qué se elige abortar? ¿Y por qué no? Hemos llegado a una etapa del libro en la que probablemente te estés haciendo dos preguntas. La primera es ¿Por qué, si sabemos que el aborto produce tanto daño en la mujer, algunas de ellas lo ven como una solución, en vez de un profundo daño para sus vidas? Y la segunda es ¿Qué pasa por la cabeza y las emociones de las que eligen abortar y de las que no lo hacen? A lo largo de este apartado vamos a tratar de dar respuesta a estas preguntas, y quizás, al leerlas, te identifiques con ellas o te sirvan para ayudar a alguna amiga que tiene que tomar esta decisión. Vamos a recorrer este capítulo de la mano del ya mencionado estudio del Dr. Philip Ney que ha dedicado décadas a ayudar a mujeres con Síndrome Post Aborto.

Los factores psicológicos que predisponen al aborto. No todas las personas reaccionamos de la misma forma frente a una crisis. Esto se debe a algo muy básico: existen factores que nos predisponen a actuar de una forma u otra, ante un momento de angustia. Y uno de los momentos de angustia más grande para una mujer es el de un embarazo que ella considera inoportuno. En esta crisis, como vimos, la mujer está sometida a miedos muy profundos y a presiones muy grandes. Ney observó que dos mujeres, frente a un embarazo inesperado, ambas con similares situaciones externas adversas, toman decisiones opuestas: una piensa en el aborto como una solución, y la otra conserva a su bebé sin que se le cruce siquiera la idea de abortar. Frente a esto, y luego de años de investigación, Ney concluye que este hecho no es azaroso sino que, tal como afirmamos, existen factores psicológicos que predisponen a algunas mujeres a querer interrumpir su embarazo. Es importante aclarar que estos factores condicionan en cierta forma a estas mujeres, pero de ninguna manera las determinan. En el caso de las mujeres que piensan en el aborto, estos factores predisponentes tienen relación con experiencias de maltrato (abuso y/o negligencia) vividas en su infancia, que dejaron en ellas una profunda disminución de su autoestima.

Cuando hablamos de maltrato, éste no necesariamente tiene que ser extremo para afectar emocionalmente a una persona. Puede ser sutil y hasta a veces invisible a los ojos de los demás, e igualmente llegar a lastimar mucho. Veamos brevemente la metáfora a través de la cual Ney ejemplifica las situaciones de abuso y negligencia. La metáfora dice así: Los niños cuando nacen tienen un impulso natural, muy fuerte, para construirse como persona, teniendo la particularidad de ser a la vez, constructores y edificio.

Las experiencias de negligencia son entendidas como privaciones o carencias afectivas, físicas o intelectuales; mientras que las experiencias de abuso se refieren no sólo al físico y/o sexual, sino también a todo tipo de críticas o desvalorizaciones.

Para poder realizar esta construcción, todo niño nace con un "blueprint" o "anteproyecto". Es decir, así como en la semilla ya está contenido el desarrollo del árbol; en las personas habita (desde el comienzo) una conciencia intuitiva que, a modo de modelo, les indica lo que pueden llegar a ser y lo que necesitan para desplegarse y convertirse en ello. En un primer momento serán los padres quienes acerquen al niño los materiales (necesidades básicas) que necesitan para la construcción de su edificio, es decir de su personalidad (amor, calor, protección, alimento, estimulación, reafirmación, etc). Luego, más adelante, será la sociedad con todos sus recursos, la que podrá cubrir aquello que necesitan para continuar construyéndose conforme a su modelo o anteproyecto. Obviamente no existen los padres perfectos, sin embargo el problema se presenta cuando los padres debido a sus propias historias de maltrato, no tienen la sensibilidad para intuir y comprender las necesidades de sus hijos. Sumergidos en sus propios conflictos, muchas veces tienden a tratar a sus hijos tal como fueron tratados en sus infancias, dando lugar a situaciones de abuso y negligencia. En este contexto entendemos por negligencia cuando los padres no entregan al niño los materiales necesarios para construirse conforme a su propio modelo, ya sea porque lo que le entregan es inoportuno, insuficiente, o bien incorrecto.

Por otra parte, el abuso se presenta cuando los padres una y otra vez desprecian o bien destruyen parcialmente lo hasta entonces construido por el niño. De los distintos tipos de abuso, el abuso verbal es el que mayores consecuencias acarrea. La repetición de frases tales como "no servís para nada", "sos un inútil", "no vas a poder" hace que la persona las internalice, de modo tal que, cada vez que las cosas no salgan como esperaba, la persona se las repita, afectando profundamente su autoestima. Cualquiera sea la forma de maltrato sufrida, teniendo en cuenta que la mayoría de las veces se da una combinación de ambas, la persona aprende a callar sus propias necesidades, renuncia a su propio modelo y se "somete" a lo que sus padres esperan de él o ella. De ese modo, se aseguran al menos obtener de ellos atención y cariño.

Te estarás preguntando qué pasa con los sentimientos que naturalmente se despiertan al no recibir lo que necesitan. Ahí está la cuestión, ante la necesidad de no caer en la desesperación y de continuar creciendo, los niños tienden a proteger a sus padres. Cargan sobre sí la culpa por lo no recibido, reprimen la ira e idealizan a sus padres. Inconscientemente van a decir, "no son ellos el problema, sino yo mismo, que no soy como ellos quieren que yo sea o por no ser suficientemente bueno". De este modo conservan una "visión inocente del mundo". Esto es muy importante porque al hacerse cargo de las faltas de sus padres, estas personas, desde su temprana infancia, ocupan el lugar de chivos expiatorios. Y una vez que están familiarizadas con esa situación, es fácil encontrarse en el camino, una y otra vez, con situaciones y personas (familiares, amigos, compañeros de trabajo, etc) que las inciten inconscientemente; ya sea a ubicarse nuevamente en ese lugar conocido (re-victimizándose); o bien cuando la situación lo permita, descargar toda la ira reprimida, hacia un nuevo chivo expiatorio. ¿Cómo se explica esto? Tengamos en cuenta que toda situación de maltrato despierta conflictos generando un importante consumo de energía en quien la padece. Como consecuencia, la persona inconscientemente buscará desembarazarse de estos conflictos, como un intento por restablecer el equilibrio perdido. Para ello, se le presentan dos alternativas: o los hace consciente y los elabora (recurriendo a ayuda en caso de necesitarlo) o bien, los repite; recreando, tal como vimos, situaciones similares en las que de uno u otro modo, queda atrapado, ya sea como víctima o como victimario. Es importante que sepas que con cada repetición, la persona tiene frente a sí una nueva oportunidad para comprender sus conflictos. Y en caso de no poder aprovecharla, con cada repetición, los conflictos lejos de desaparecer, se complejizan. Círculo vicioso entre abuso, negligencia y aborto.

Philip Ney, en su desempeño como pediatra, observó en sus consultas, que un considerable número de mamás tenía dificultades para ser afectuosas y cariñosas con sus hijos. Este hecho, llamó poderosamente su atención y fue a partir de entonces que decidió estudiar e investigar el contexto, la situación y las características de estas mujeres para comprender, qué era eso que les impedía, algo tan natural, como abrazar y acariciar a sus hijos. Su mayor preocupación era la calidad del vínculo que estas mamás establecían con sus hijos y las consecuencias que un vínculo de estas características, podía acarrear. Luego de algunos años, descubrió que todas ellas tenían algo en común, todas habían pasado por la experiencia del aborto, algunas recientemente, otras hacía ya un tiempo; y no sólo eso, sino principalmente, descubrió que existe una conexión entre abuso, negligencia y aborto. Tal como vimos, una mujer que interrumpió voluntariamente su embarazo, tendrá dificultades para vincularse con sus hijos y estará, por tanto, en peores condiciones de registrar sus necesidades, exponiéndolos a situaciones de maltrato. Y a su vez, una persona que en su infancia haya sufrido algún tipo de abuso o negligencia, frente a un embarazo no deseado, estará más propensa a deshumanizar a su hijo, abortándolo. Esto es lo que Ney llama, círculo vicioso entre abuso, negligencia y aborto.

Queda establecido de este modo, entre maltrato y aborto, una relación de causa y efecto. Sin embargo, el autor, especifica que esta causalidad, no se da necesariamente en una misma persona, pero sí dentro de una misma familia. ¿Qué quiere decir esto? Que no necesariamente una persona que haya sufrido maltrato en su infancia, frente a un embarazo inesperado, aborte; sin embargo es probable que esos conflictos, en la medida en que no hayan sido resueltos, los traspase a sus hijos y quizás, alguno de éstos, en el contexto de un embarazo que no es deseado, piense en el aborto como una posibilidad. Recordemos que las personas que tienen cierta predisposición a abortar pertenecen a familias donde hay un pobre registro de lo que le pasa, de lo que siente y de lo que necesita cada uno de sus miembros. Pero además, pertenecen a familias donde las personas son más tratadas como objetos (de mayor o menor valor) que como sujetos, es decir, donde prevalecen características de deshumanización. Lo propio de la deshumanización es que produce el adormecimiento de las emociones y sentimientos (desensibilización) de sus integrantes. Dadas estas condiciones resulta muy difícil para estas personas elaborar los conflictos, que como bien sabemos forman parte de la vida y más aún aquellos que tengan que ver con una infancia dolorosa. De allí que tiendan a negarlos, y a traspasarlos de una generación a otra, victimizando a los miembros más vulnerables e indefensos, quienes se convierten en chivos expiatorios, en cuanto cargan con los conflictos y culpas de sus padres y antepasados. Esto nos permite comprender la dimensión generacional de estos círculos. Ney, a su vez, afirma que estos círculos viciosos se inician precisamente, frente a situaciones de aborto. Ocurre que el impacto del aborto en una familia es tan grande, que se convierte en la raíz o causa primera de todos los conflictos. Esta afirmación tiene su lógica. El aborto atenta contra las raíces de la humanidad. Es fuerte decirlo de este modo, pero, francamente hablando, no puede haber nada más deshumanizante que quitarle la vida a un hijo.

Veamos cómo vive un embarazo no deseado una persona inmersa en una familia con estas características Pensemos en una mujer que creció en una familia en la que, en generaciones anteriores, se vienen repitiendo situaciones de abuso, negligencia y/o aborto, y que ella misma de una forma u otra fue maltratada. Con una baja autoestima y una imagen de sí pobremente integrada, es posible que no se sienta capaz de llevar adelante un embarazo que no estaba en sus planes. Al no sentirse valorada, es muy difícil que valore la vida de otra persona, más aún tratándose de alguien todavía imperceptible, como es su hijo recién concebido. Al no tener resuelto aún el tema de su identidad (quién es y cuál es su lugar y misión en la vida) muy probablemente sienta que no puede ocuparse de alguien más. Su inseguridad e inmadurez pueden impedirle hacer frente a la crisis propia de todo embarazo. Puede ser que viva como una amenaza la expansión que se le exige, a nivel tanto físico como emocional y material. A su vez, el temor, consciente o inconsciente, a repetir su propia historia de maltrato, puede hacerle sentir que es mejor que ella no asuma el compromiso, ya que la maternidad "no es para ella". La ambivalencia propia de todo embarazo (amor-odio, aceptación-rechazo) es probable que se intensifique en estas mujeres, activando a su vez los conflictos no resueltos de su infancia. La posibilidad de interrumpir el embarazo puede llegar a convertirse inconscientemente en la ilusión de deshacerse de estos conflictos, convirtiendo al hijo en chivo expiatorio y perpetuando la no resolución de éstos. El mayor peligro, es que sumergida en sus conflictos, no le permita entrar en contacto con su hijo y con ese vínculo que va creciendo día a día. No registrar ese vínculo, tan único e íntimo, es lo que hace que, muchas mujeres, perciban a su bebé como un "algo", llámese atraso o coágulo, permitiéndoles deshacerse de él fácilmente. El no sentirse capaz, debido principalmente a la baja autoestima, es lo que muchas veces las lleva a agravar los conflictos que traen desde sus infancias. A los conflictos de esa época, se le suman ahora los ocasionados por el aborto. El mejor consejo que te podemos dar si estás en esta situación, es que te dejes ayudar. Que confíes en tus instintos maternales más profundos y te animes a revertir tu historia. Que te animes a luchar para que lo negativo que se viene transmitiendo en tu familia, no se siga repitiendo. Quizás esto puede convertirse ahora, en una misión para tu vida; una misión que poco a poco te ayude a afirmarte y a adquirir una mayor valoración de tu persona. ¿Por qué no pensar que la llegada de tu hijo en este momento particular no es casual? ¿Por qué no pensar que la vida te está ofreciendo la oportunidad de realizar un cambio importante?

Queremos decirte que la palabra crisis, en griego, significa peligro y oportunidad. El peligro es que veas a tu embarazo como la causa de todos tus problemas y que el aborto termine por agravarlos. La oportunidad, en cambio, es que la continuación de este embarazo te lleve a hacer frente y a elaborar los conflictos que se activaron a partir del mismo y que nada tienen que ver con el embarazo. Y esto es importante que lo entiendas, esos conflictos ya estaban dentro tuyo y en este caso fue el embarazo, pero pudo haber sido cualquier otra situación la que los despertara. ¿A qué nos referimos con esto? A que seguramente los sentimientos negativos que en este momento tienes, muy probablemente estén magnificados debido a sentimientos primitivos (de tu infancia), que nunca fueron debidamente elaborados y que tienen que ver con situaciones de maltrato. Por eso mismo, el camino más saludable para cualquier mujer, es permitir que el embarazo siga su curso. Lo ideal y más aconsejable es que pueda hacer frente a las dificultades que se le presentan entorno a ese embarazo y que trate de entenderlas a la luz de su propia historia. Por supuesto que esto no es fácil; partimos de una situación que ya de por sí es complicada. Sin embargo, te podemos asegurar que afrontar las consecuencias de un aborto es aún mucho más difícil. Una cosa es hacer frente a las dificultades del momento, con la fuerza y la energía que conlleva el hecho de estar embarazada y de tener por tanto por quién luchar; y otra muy distinta es tener que cargar indefinidamente con los conflictos que ocasiona un aborto, pero esta vez, desde una sensación profunda de vacío. Mira lo que te vamos a decir: no importa que este embarazo no se haya presentado en la situación ideal, perfecta, la que más querías o la que siempre soñaste. Lo más importante es que ésta es tu situación, tu historia real y concreta; y sin duda lo que más cuenta es tu respuesta, es decir, lo que tú haces con ella. Veamos dos casos.

El primero: una chica de 18 años, embarazada de su novio de 23. Sus padres se habían divorciado cuando ella era niña, y venía viviendo intermitentemente con sus abuelos o alguno de sus padres, sin que uno de ellos se decidiera a recibirla definitivamente en su casa. Ante el embarazo y la falta de un interlocutor de confianza, recurrió al novio para buscar contención. Este, que seguramente también estaba asustado y confundido, le aconsejó abortar. Mostrándole cuánto la amaba, quiso hacerle ver a su novia que el embarazo cortaba todos los planes del futuro; que ni él ni ella estaban preparados para ser padres; que ya habría otro momento en el que se casarían, y entonces sí tendrían hijos, etc. La chica, que ante esta situación se sentía totalmente paralizada, accedió a la idea del aborto. A la hora de buscar un lugar donde realizarlo, el novio no la acompañó, argumentando que estudiaba tiempo completo en la universidad; por lo tanto le encargó a ella sola encontrar el lugar y averiguar los precios del aborto. Cuando ella averiguó y le comentó las opciones que había encontrado, el chico eligió el menos costoso. De este modo, eligiendo el lugar más barato, el que más precariamente atendía, esta chica se expuso a un riesgo de salud, e incluso a la muerte. La historia termina como sucede muchas veces: luego del aborto, el novio la abandonó. Te preguntarás cómo la chica accedió a ser descuidada de esa forma por su pareja de tantas maneras diferentes. Primero, dejándose persuadir por los argumentos del novio que la conducían al aborto. Segundo, aceptando no ser acompañada y teniendo que buscar ella sola un lugar donde abortar. Y tercero, accediendo a arriesgar su vida exponiéndose al aborto más peligroso. La respuesta es lo que mencionamos anteriormente: la historia de abandono vivida en su infancia afectó su autoestima y con una poca valoración de su propia vida es que accedió más fácilmente a dejarse maltratar. No olvidemos también que el novio no está ajeno a su propia historia. De igual manera que la mujer, seguramente hay elementos que lo llevaron a contemplar el aborto como una posibilidad real.

El segundo caso: una mujer de 34 años, artista, casada. Hija de un marino mercante, durante su infancia y adolescencia prácticamente no vio a su padre, que pasaba largos meses fuera de casa, abocado a su profesión. Su madre, docente, trabajaba largas horas y además, asistía constantemente a cursos de perfeccionamiento, con lo cual tampoco podía dedicarle tanto tiempo, dejando grabado en ella el mensaje de que siempre la prioridad profesional era más importante. Esa fue la historia de su infancia. Volvamos a su vida adulta. A los 34 años, esta mujer recibió un contrato de trabajo por dos años, para recorrer varios países presentando su obra teatral. En ese momento quedó embarazada. Obviamente, no había sido planeado, y este embarazo significaba el fin del contrato, que ella tanto había anhelado. Tomó la decisión de abortar y se la comunicó a su marido, como algo inapelable, proponiéndole que pospusieran su paternidad por los próximos dos años. Finalmente, abortó. Acostumbrada ella misma a ser abandonada, cuando se enfrentó a una situación similar, tomó una decisión parecida. Creyendo que era el momento de reafirmarse como persona valiosa, sin querer, hizo todo lo contrario. A los dos meses, el contrato se suspendió y la gira se canceló, dejándola a ella sin el trabajo por el cual había tomado esa decisión. Y sin el hijo. Durante los meses siguientes, quedó sumida en una depresión y estado de culpa profundos que casi terminan con su matrimonio.

Felizmente, luego de un largo tiempo de terapia y ayuda profesional (como veremos en el Apéndice 2) logró sanar en parte la herida del aborto. Estos casos que te contamos son corrientes, de todos los días. Quizá cambian las circunstancias de las mujeres. Lo que tienen en común es que todas toman la decisión de abortar convencidas que en esas circunstancias es lo mejor para ellas. Sin embargo, tarde o temprano, la realidad se impone, sumergiéndolas en un gran desengaño. Lo que parecía bueno termina causándoles un gran dolor.

Nuestra tarea como orientadoras. En nuestros encuentros recibimos a mujeres que llegan con la firme idea de abortar. Por todo lo que ya conocimos, sabemos que llegan anestesiadas emocionalmente y sin poder ver a su hijo como tal. Estarás pensando si estamos a tiempo de ayudar a una mujer a re-humanizar a su hijo en estas circunstancias. Sí, estamos a tiempo y es nuestro principal desafío. Sabemos que contribuyendo a su re-humanización, será ella quien luego re-humanice a su hijo. ¿Cómo? Te lo queremos contar porque bien puede ser que conozcas a alguien a quien quieras ayudar. En primer lugar, brindándole un espacio en el que se sienta amada, escuchada y comprendida. Un espacio en el que pueda sentir que puede confiar, quizás por primera vez, en alguien. En el que sienta que puede bajar los brazos sin que esto le resulte peligroso. En el que sienta que puede llorar y expresar lo que lleva adentro sin que le juegue en contra. Lo que intentamos es hacerle comprender que ella es una persona valiosa, y que tiene derecho a ser feliz, sin importar lo que diga el entorno, las culpas que le imputen o los errores que ella misma se achaque. Tratamos de ayudarla a reconciliarse con su historia, a que pueda ver esta crisis como una oportunidad de crecimiento y sanación. Procuramos mostrarle que al optar por el aborto, todo lo que lograría es seguir sumando más endurecimiento y desensibilización al ya vivido. Obviamente no desconocemos que muchas situaciones son complicadas. Pero tampoco podemos dejar de mostrar una realidad vista en muchas de las mujeres que tuvimos la oportunidad de acompañar: apostar por la vida las humaniza, las ayuda a sanar su historia cambiando, por amor, el desamor sufrido. De este modo, viéndose a ellas mismas como alguien valioso, y viendo a ese bebé como a una persona, y más aún como a un hijo, será más difícil o prácticamente imposible que piensen en el aborto como una solución. Y como ya sabemos, ellas mismas evitarán ubicarse nuevamente en el lugar de víctimas. No está de más decir que este cambio es el resultado final de un proceso que lleva trabajo. No olvidemos que, como ya vimos, las mujeres llegan la mayoría de las veces, muy endurecidas y desensibilizadas.

Para terminar, queremos ilustrar este desafío de ayudar a una mujer a re-humanizarse a través de un caso real. Cecilia, de 28 años, se encontró en una situación que para ella era insostenible. Había quedado embarazada ejerciendo la prostitución. Se sentía sola y atrapada. Sin pensarlo demasiado acudió a pedir la ayuda que, ella creía, era la única "solución". Cuando recibió la noticia, Cecilia pensó que no tenía opción. En su desesperada búsqueda encontró a quienes ayudaban a mujeres con embarazos inesperados creyendo que ellos le facilitarían el camino para abortar. En este lugar la atendieron y hablaron largamente con ella; pero Cecilia se sintió molesta y, sobre todo, sintió que no era la respuesta que buscaba. Pasaron muchos meses y quienes la habían escuchado no supieron más de ella. Hoy sabemos que esa charla en ese lugar anónimo, ese día, ese encuentro, para esta mamá, tuvo un nombre: nació Celeste y cambió la historia. Nueve meses después de aquel encuentro, Cecilia con su beba en brazos y sus ojos llenos de lágrimas, se acercó a nosotros y lo primero que dijo a quien le abrió la puerta fue: "Vine hasta acá para decirte a ti y a todas las personas que trabajan contigo, que no se cansen nunca de hacer lo que hacen; porque en este lugar fue la única vez en mi vida que me sentí tratada como un ser humano". Una mirada que juzga, condena y castiga nunca puede ayudarlas. La mirada que puede salvar al bebé y a ellas mismas es aquella que está llena de comprensión, compasión y cariño. Así, seguramente, se habrá sentido Cecilia. Se reconoció y valoró a ella misma; sintiéndose aceptada y querida, y desde ese nuevo "lugar" es que pudo reconocer a Celeste.

En este capítulo, que fue extenso, vimos los mecanismos emocionales y psicológicos que predisponen a abortar, y cómo esos mecanismos no son inexorables, sino que, por el contrario, con la ayuda adecuada, se puede evitar un daño profundo. En el siguiente ahondaremos un poco más en frases y argumentos reales, recogidos por nosotras mismas a lo largo de los años.

MUJERES REALES, CORAZONES REALES

Mujeres reales, corazones reales.

Aquí compartiremos el contenido de los encuentros con mujeres en trance de abortar. Es importante que los leas, porque son genuinos, reales, de personas. Para que puedas ubicarte mejor, te contamos que cuando trabajamos con una mujer en esta situación, en primer lugar intentamos escucharla con empatía y comprender sus problemas y angustias. Luego, la invitamos a darle información, charlando con ella y apoyándonos en una filmación que muestra cómo es el desarrollo del bebé y cómo se realiza un aborto. Esto para nosotras es fundamental, teniendo en cuenta que la decisión que está queriendo tomar es crucial para su vida. Creemos que si no sabe lo que está queriendo hacer, no puede elegir bien. Finalmente, continuamos con el acompañamiento, a lo largo de cada embarazo y hasta luego del nacimiento del bebé en muchas casos, si es necesario. Ahora veamos los testimonios. Para facilitarte las cosas, los agrupamos según las distintas reacciones, actitudes y respuestas de las mujeres. (Tengamos en cuenta que cada una responde de acuerdo a su propia historia y a las características de su personalidad).

Un primer grupo de mujeres es aquel que llega pensando firmemente en abortar, pero sin mucha conciencia de lo que está queriendo hacer. A veces ya mismo durante la filmación, se desarman en llanto, porque caen en la cuenta de que no es eso lo que quieren para su vida. En muchas oportunidades incluso llegan a sentir vergüenza y hasta espanto por lo que estaban pensando. Este encuentro muchas veces les significa la posibilidad de escuchar algo diferente, alguien que pone en palabras lo que resuena en lo más profundo de ellas. Tengamos en cuenta que seguramente hasta ese momento todo su entorno la llevaba a abortar. A su vez, este encuentro les permite detenerse a pensar a fondo con alguien que las ayuda a reflexionar. Probablemente veían el aborto como una salida casi impulsiva. En este momento logran darse cuenta que no es esto lo que quieren hacer y que estaban queriendo tomar una decisión confundidas, presionadas o cegadas, de la cual seguramente algún día se arrepentirían.

Otras se conmueven durante la filmación pero luego se "plantan" diciendo que de todas formas el aborto es la única solución. ("ya lo pensé y lo miré por todos lados, tuve en cuenta todo lo que nos dices, evalué todo, soy consciente de todo... de lo que significa abortar y de que se trata de una vida...y llegué a la conclusión de que es la única salida...").

Algunas veces ocurre que la mujer en todo momento se muestra inamovible. Si bien se abre al diálogo, mantiene inquebrantable su idea de abortar. Es allí cuando muchas veces utiliza mecanismos de racionalización muy bien armados que le permite mantener a rajatabla su postura, sin entrar en contacto con lo que sucede en su interior. En esta oportunidad es cuando la mujer expresa que nuestra ayuda no le sirve, que ella ya tiene la decisión tomada y no va a cambiar; o bien argumentos tales como que la vida empieza a partir del nacimiento, que ella es dueña de hacer lo que quiere, o que la culpa no es algo natural sino algo creado por la misma sociedad, una religión, la cultura o cualquier otra cosa externa. Es habitual que piensen en el aborto como un autocastigo por no haberse cuidado y haber quedado embarazadas. Y, es común también que, reconociendo las consecuencias del aborto, argumenten que "un dolor más a su vida, con todo el que ya tienen, no les va a hacer nada".

En otras oportunidades sucede que la mujer se niega rotundamente a ver la filmación. Al darse cuenta que no podemos responder a lo que ella está buscando (un aborto) elige irse, sin siquiera acceder al diálogo. No queremos dejar de mencionar a aquellas que, si bien pudieron vislumbrar la dimensión de lo que querían hacer, igualmente terminan abortando. Seguramente por presión social o familiar, o quizás porque no encontraron la fuerza necesaria para enfrentar la situación. Muchas veces cuando vuelven a su entorno, se encuentran nuevamente solas y con todos los problemas. A veces incluso nos preguntamos si el seguimiento de nuestra parte no fue lo adecuado e intenso que necesitaba ser.

Un nuevo grupo de mujeres afirma muy claramente que no quiere hacerse daño, que mirar el video con el desarrollo del bebé les va a hacer peor. En algún lugar saben lo que están haciendo o la decisión que están queriendo tomar, pero prefieren no pensarlo demasiado, no hacerlo demasiado consciente. Y prefieren no escuchar. Es como si nos dijeran: "Nos va a revolver todo lo que ya tenemos decidido". (decisión que probablemente les costó mucho tomar) Y es muy difícil enfrentarse a reveer este tema que para ellas ya es "asunto cerrado".

Finalmente, y como no queremos pecar de ingenuas, nos vamos a referir a un último grupo de mujeres que continúan su embarazo sin elegirlo plenamente. Siguen adelante por una especie de resignación o porque en cierta forma se sienten paralizadas, sin poder tomar una decisión. Quizás continúan porque el embarazo simplemente continuó. Si bien sabemos que esto no es lo ideal, aún así estamos convencidas que continuar con el embarazo, en todas las circunstancias es lo mejor. Creemos que el vínculo de estas mamás con sus bebés siempre está a tiempo de despertarse. Ya sea durante el embarazo o luego del nacimiento. Si te sientes identificada con esto último que describimos o conoces a alguien que esté en esta situación; queremos decirte que: más allá de que ese bebé haya sido buscado o no, querido o no, toda mujer es libre de elegir amar a su hijo. El amor, más allá de un sentimiento, es una elección.

¿Qué nos dicen las mujeres? En primer lugar queremos compartir los argumentos y frases más comunes que escuchamos a diario en los encuentros con ellas mismas. Es importante aclarar que se trata del discurso verbal al que inicialmente se aferran como una manera de justificar su idea de abortar. Sin embargo queremos contarte que muchas de las mujeres que en un principio sostienen estos argumentos, finalmente deciden continuar con su embarazo. Algunas de estas frases son: "Si las circunstancias fueran otras, lo tendría..., pero en mi situación no hay otra salida". "Todo lo que me dicen suena muy lindo, yo te agradezco, pero la decisión ya está tomada". "Ya lo pensamos una y otra vez, me duele mucho, pero la decisión ya está tomada". "Prefiero pensar que el bebé no está formado todavía". "Pensé que todavía no era nada". "Necesito solucionar este atraso". "No tengo mucho tiempo, lo quiero hacer antes de que sea más grande". "¿Para qué lo voy a traer? ¿Para que sufra?". "Todo hijo tiene que ser querido, deseado". "No estoy preparada para tener un hijo ahora". "Tener un hijo es algo muy importante, no se puede traer así nomás". "Si las cosas fueran distintas, lo tendría". "No siento nada por este bebé, no lo quiero". "Había imaginado las cosas de otra manera, estando bien, en pareja, pero así es muy distinto..., no puedo seguir adelante". "Sé que me voy a arrepentir, pero prefiero cargar con la culpa yo, sufrir yo, y no hacer sufrir a otros". "Mis padres sufrirán mucho cuando les dé la noticia de un embarazo. No puedo, tengo que solucionarlo". "Conozco gente que se lo hizo y está muy bien". "Ya sufrí tanto..., pasé tantas cosas..., que estar mal por una cosa más no me hace nada". "Yo sé lo que es mejor para mí". "Todo lo que me dicen está bien, pero yo no lo puedo tener, no es el momento". "No quiero ver el video, prefiero hacerlo sin pensar demasiado". "¿Cómo puede ser que se haya avanzado en tantas cosas y en el tema del aborto todavía estemos tan atrasados?". "Yo soy muy religiosa y siempre estuve en contra del aborto, pero ahora que me toca a mí..." "Yo sé que Dios me va a castigar, pero también pienso que como Dios conoce mi situación, me va a entender".

A continuación queremos compartir el final de estas historias. Testimonios de mujeres que, aún en las dificultades, eligieron abrazar la vida de sus hijos. Sus palabras de agradecimiento, -por lo que podrás leer-, nos confirman una vez más que esta elección redunda necesariamente en resultados positivos. "Muchas gracias por hacerme reflexionar y pensar en tener a Sofía que tiene seis meses; ha cambiado a cada uno de nosotros y ha unido a la familia."(Isabel) "Desde lo más profundo del corazón y con un sincero agradecimiento, les digo que me enseñaron a tener fuerza para enfrentar lo que venga en esta vida y verla de otra manera". (Verónica) "Hoy más que nunca quiero con todo el corazón a este hijo que llevo dentro. Este pequeño ser lo descubrí gracias al apoyo de todos...Muchas gracias por todo lo que hacen y que nunca se apague esa luz de ayuda." (Rosario) "Quiero agradecerles por todo lo que hicieron por mí y por mi bebé; que gracias a ustedes no cometí la locura de quitarle la vida a mi bebé y hoy estoy feliz con mi bebé." (Flavia) "Quiero agradecer a todas las personas que ayudan y colaboran con el Centro de Ayuda a la Mujer y que hace que hoy pueda seguir con mi embarazo" (Lorena) "Gracias a todos ustedes pude apostar a la vida y conocer a mi hijo FABIAN" (Elizabeth) "Gracias a ustedes no cometí una locura, por eso les agradezco toda su ayuda" (Carmen).

La lectura de estos mensajes que nos dejaron las mujeres, -y habiendo llegado a esta instancia del libro-, nos lleva a elaborar la siguiente conclusión: Un embarazo inesperado despierta situaciones conflictivas. Frente a esto, es lógico y comprensible que se tenga la fantasía de que un aborto nos libere de esos conflictos. Sin embargo, con un aborto, los conflictos no sólo siguen estando, sino que, como vimos, se acrecientan. Paradójicamente, aceptar el embarazo como una realidad es lo que nos permite no sólo elaborar esos conflictos, sino además transformar lo negativo en positivo.

Malena y Solana. El amor es una elección. El final de este capítulo queremos dedicarlo a Malena y Solana. Dos mujeres valientes que tuvimos la oportunidad de conocer y acompañar. Ellas, sin saberlo, nos permitieron entrar en contacto de cerca con dos realidades muy extremas. A Malena la conocimos con cuatro meses de embarazo, cuando los médicos le acababan de informar que su bebe padecía de anencefalia (malformación que consiste en la ausencia de masa encefálica, y por lo tanto el bebé al nacer no tiene posibilidad de vida). A Solana, de 29 años, madre de dos niñas pequeñas, la conocimos con un embarazo de tres meses, fruto de una violación. Contando con permanente acompañamiento y contención, ambas tuvieron la grandeza de sobreponerse a su propio dolor. Privilegiaron la vida de sus hijos y, aunque te parezca contradictorio, ellas mismas salieron fortalecidas de esta experiencia. Malena nos dejó estas palabras que hoy también queremos compartir, ya que su deseo es que lleguen a toda mujer que se encuentre en esta situación, e incluso a todo aquel que se cuestione este tema tan delicado. "…Cuando quedé embarazada de mi segundo hijo todo venía bien hasta que diagnosticaron que mi bebé tenía anencefalia, al nacer podría llegar a vivir como máximo algunas horas. En un principio pensé en sacármela porque pensaba que no iba a poder soportar llevarla en mi panza y saber que después no iba a estar conmigo. Luego me fui dando cuenta de que a pesar de lo que estaba pasando, me podía decidir por mi bebé, y que por algo Dios me puso en el camino esta difícil y cruel prueba, la cual Él sabía que yo iba a poder superar. Hoy quería decirles que estoy contenta con la decisión de haber seguido con mi embarazo hasta el final, con todo lo que eso implica. (…) Volví a mi casa sola y con un dolor comparable con nada. Lo que rescato de todo esto, es que ella al menos no sufrió nada. A aquellas mamás que estén pasando por esto, quiero decirles: sigan con su embarazo, amen y disfruten todos aquellos momentos que puedan estar con su bebé porque ellos saben y sienten todo. Y esto les va a hacer bien por el resto de sus vidas. Porque me doy cuenta de que si hubiera hecho algo para no sufrir tanto yo, no me lo habría perdonado. Ahora a mí me quedó el dulce recuerdo de haberla conocido y de haber estado aunque sea sus únicos días de vida dándole amor, tocándola, acariciándola y hablándole de lo mucho que la ama su mamá, su papá y su hermano de 6 años. Espero que mi historia les sirva."

Sabemos que tanto la concepción de un hijo con anencefalia como una violación, son situaciones terriblemente dolorosas y difíciles de atravesar. Sin embargo, estamos convencidas que lo más sano en todos los ámbitos (físico, psíquico, espiritual y social) es aceptar y asumir la realidad tal cual es. Te estarás preguntando ¿cómo es posible que el "someterse" a tanto dolor no perjudique psicológicamente a la mujer? Sí, es una paradoja. Lo que todos sabemos es que el dolor es inevitable y más que nunca en estas situaciones. El dolor ya está, ya se produjo, ya existe y no se puede volver atrás. Lo que nosotros aprendimos es que estos nueve meses de dolor que ellas eligen pasar no son en vano. Tienen un sentido y lo más valioso es que se basan en el amor. De esta manera la mujer puede, poco a poco, ir dejando atrás la experiencia traumática. En gran parte porque la elección y vivencia de amar, sana, transforma el dolor. Por el contrario, si bien es natural querer evitar el dolor, no asumirlo las lleva a cargar con él sin poder resolverlo. Y, más aún, abortando, la mujer suma más dolor al ya existente. Estas historias entonces nos invitan a dedicar nuestros esfuerzos a acompañar y contener a estas mujeres, en lugar de ofrecerles como alternativa soluciones mágicas y evasivas, que alivian sólo en lo inmediato. En el caso de Malena, lo tremendamente difícil es gestar vida sabiendo que luego del nacimiento su hijo va a morir. Es decir, atravesar los meses de embarazo sintiéndolo crecer dentro suyo, y al mismo tiempo prepararse para la muerte prematura de ese hijo. En esta situación Malena eligió abrazar la vida. Rocío, que luego de nacida vivió diez días, tuvo durante su corta vida un lugar en su familia, recibiendo el amor y la contención que necesitaba. Esto le permitió a Malena darle el adiós a su hija en paz, sabiendo que hizo todo lo que estaba a su alcance para que sea feliz el tiempo que le tocó vivir.

Con respecto a Solana queremos contarte que en un comienzo se mostraba decidida a abortar y nos expresaba que para ella ese embarazo le significaba "un cáncer que se tenía que sacar". Al contar con un espacio de escucha y luego de un tiempo de reflexión, Solana decidió continuar con el embarazo y entregar su hijo en adopción. Algo importante a destacar es que en la historia familiar de Solana había experiencias de abortos. Esto permite entender la presión interna que ella sentía para repetir inconscientemente este hecho traumático. La decisión de continuar con el embarazo exigió de parte de ella un esfuerzo muy grande, ya que implicó vencer esta predisposición o tendencia a abortar que se venía dando a nivel familiar. A su vez, al tratarse de una violación, -como venimos viendo-, ella pudo haberse quedado atada a ese dolor y resentimiento que provoca este hecho. Sin embargo, eligió acoger la vida y de esta forma logró transformar el odio y la violencia en un acto de amor que, sin duda, repercutió positivamente en su vida. Por palabras de Solana sabemos que hoy está en paz con la decisión que tomó. Esta historia no termina acá. Milagros nació y hoy recibe todo el amor de sus padres adoptivos; a su vez que estos padres pudieron realizar su deseo tan anhelado de formar una familia.

Para concluir queremos decirte que, aún en estos casos tan extremos, la realidad nos mostró que siempre la opción por la vida nos humaniza y nos permite crecer, redundando esto en un beneficio para toda la sociedad.

Habiendo mencionado la adopción queremos terminar compartiendo una breve reflexión sobre este tema tan controvertido. Desde nuestra experiencia observamos que, socialmente, es muy común que se conciba a la entrega de un hijo en adopción con una clara connotación negativa. Generalmente se valora y admira mucho el acto generoso de los padres que adoptan un hijo; y nos olvidamos que, para que ese hijo pueda contar con unos padres adoptivos, es necesario un acto de entrega de una madre biológica. Tuvimos la posibilidad de acompañar una vez a una mujer que debido a una historia difícil, tomó la mejor decisión que en ese momento podía tomar: decidió entregar a su hija en adopción. Fue para nosotras un gran impacto percibir el revuelo y el rechazo que despertó esta mamá en el personal médico del hospital donde fue internada. Había un enorme abismo entre nuestra percepción, que conocíamos los entretelones de su situación, su inicial deseo de abortar, además de todo lo que tuvo que pasar durante el embarazo; y la mirada despectiva de quienes sin conocer sus circunstancias, la juzgaban por su decisión.

Cuánto daño podemos hacer a estas mujeres que tienen el coraje y la valentía de seguir adelante con su embarazo, aún sabiendo que por diferentes motivos no van a ser capaces de quedarse con ese hijo. Creemos que es mucho lo que sufren durante los largos meses de embarazo como para que, en el momento más difícil que es el nacimiento y que es cuando mayor contención necesitan, reciban a cambio miradas de desaire y desprecio de quiénes la rodean. Estamos seguras que si nos animáramos a dejar de lado los prejuicios y a conocer un poquito más en profundidad a la mujer que está atravesando por esta situación, no podríamos dejar de mirarla con una enorme gratitud y admiración por el gesto que tiene hacia la Vida y más específicamente hacia su hijo. Aún en los casos en que una mujer entregue a su hijo en adopción, sólo porque se dejó estar y el embarazo siguió avanzando o porque tuvo miedo de abortar y no por una decisión consciente y deliberada de continuar con el mismo para luego entregarlo en adopción; aún en esos casos estamos convencidas de que inconscientemente esa mamá priorizó el bienestar de su hijo al suyo propio, buscando lo que es mejor para él. Por eso cuando estamos frente a una mamá que decide renunciar a la crianza de su hijo, cualquiera sea su circunstancia, estamos siendo testigos del enorme desgarro que se produce en el interior de esa mujer, sea éste consciente o inconsciente. Y esto merece nuestro respeto, nuestro apoyo, nuestra compasión. En el capítulo siguiente cerraremos el tema, reflexionando unos momentos sobre alguien que, a lo largo del libro estuvo presente pero de un modo oculto y silencioso; y ahora llegó el momento de develar.

LA VIDA DEL OTRO

La vida del otro. "Cuando yo quería a mi bebé, era un bebé, y cuando no lo quería, era otra cosa." Esta frase nos impactó. Nos la dijo una mujer que acompañamos en una ocasión, y luego de muchos años sigue resonando en nosotras, porque es clarísima y explica un drama de todos los días. Cuando un bebé es querido, nos resulta natural verlo como una persona y por ende cuidarlo y protegerlo. Cuando no es querido, suele suceder que, quitándole todo vestigio de humanidad, fácilmente se piense en eliminarlo. Suena ridículo, ¿no? Lamentablemente, en muchos casos, ése es el criterio para decidir sobre la vida del niño. En este capítulo veremos que hay una sola explicación por la cual todas los anteriores tienen sentido. Y al revés de lo que normalmente se hace, nosotras elegimos ponerla en el último lugar. Como esas películas que en la escena final te muestran la clave que le da sentido a toda la trama anterior. Y el asunto que queremos que entiendas y sientas es muy simple: el aborto trae todas las consecuencias que vimos por una sola razón: porque se está matando a un ser humano. Y no a cualquier ser humano, sino a tu propio hijo o hija. Sí, sabemos que es fuerte decirlo de este modo y entendemos que hasta a veces puede causar rechazo. Pero sentimos que en este punto del libro, como lectora, ya estarás preparada para captar la cruda realidad del aborto.

Un asunto, dos personas

No podemos hablar del tema del aborto sin tocar brevemente la otra punta del problema, que es el niño. Como habrás visto, casi todo nuestro libro habla sobre la vida de la mujer, pero en este último capítulo nos vamos a permitir hablar sobre la vida del bebé. Si no, quedaría incompleto. Veámoslo juntas. ¿Quién dice que un feto es una persona? O mejor dicho: ¿quién dice que el bebé en gestación, desde la concepción, es una persona humana y no parte del cuerpo de la mamá? ¿Una religión? ¿La filosofía? ¿El sentido común? ¿El instinto? Hace unos años podría ser un tema de discusión eterno y filosófico, pero hoy ya no, gracias al avance de la ciencia. Hoy lo dicen la Medicina y la Genética. No hay discusión posible, porque está probado como que 2 + 2 es 4. Nosotras no tenemos la verdad. La verdad está afuera, es clara como el agua: la ciencia lo dice. Y hasta parece tonto explicarlo, porque cualquiera lo sabe sin necesidad de ser médico. ¿Cuándo empezó tu vida? Para la ciencia, ya no hay misterio. Tu vida comenzó en la concepción. De allí en más, creciste, te desarrollaste y naciste. Pero desde ese instante fuiste tú, no otra cosa. Muy chiquita, pero tú. El corazón que latió a los pocos días es el mismo que está latiendo ahora. La Medicina demostró que un embrión no es parte de la madre: es un ser humano que será adulto si lo dejan crecer. No es algo no humano que luego se "convierte" en humano. De hecho, ocurre que los que afirman que un feto no es una persona no saben explicar en qué momento el feto deja de ser "algo no humano" para convertirse en humano. Y no saben explicarlo porque no se puede: desde el principio es humano. Desde la concepción, el código genético es humano y diferente del de la madre. Esto es transparente y objetivo, demostrado por la ciencia, y no tiene nada que ver con filosofías, ideologías, políticas o religiones. El camino que ya recorriste.

Y ahora recorramos un camino que tú ya conoces (porque ya lo recorriste) y es el del desarrollo intrauterino, desde la concepción hasta el nacimiento. Obviamente, no te acordarás de nada, pero esto es lo que sucedió contigo durante los nueve meses que estuviste en la panza de tu mamá. Ten en cuenta que haremos un resumen muy corto. Si quieres ampliar la información, hay cientos de libros específicos sobre el tema.

Primer mes. Se produce la fecundación (concepción) y ése es el inicio del embarazo. En ese instante, el código genético de la nueva persona está completo: ya están determinados el color de ojos y de pelo, el sexo, la altura máxima que tendrá, las enfermedades hereditarias que puede tener, todo. El sexto día tras la fecundación el óvulo se implanta en la mucosa uterina. En la tercera semana, el corazón comienza a latir y no se detendrá hasta el fin de la vida. Al final del primer mes y medio, empiezan a esbozarse las piernas y los brazos del embrión. En este período, el tamaño del embrión es de unos 4 milímetros y pesa menos de 1 gramo.

Segundo mes. Se forman los ojos, empiezan a crecer los brazos y las piernas. Los órganos internos y el cerebro se van desarrollando. El embrión mide 3 centímetros y pesa unos 3 gramos. Flota dentro de la bolsa llena de líquido amniótico. Se perfila la cara y se definen los dedos de los pies y de las manos. Se van desarrollando los principales órganos. El corazón late muy rápido: entre 140 y 150 latidos por minuto, un ritmo que duplica al de su madre.

Tercer mes. A partir de la semana 12, abre y cierra la boca y comienza el reflejo de succión (en una ecografía se lo ve llevándose la mano a la boca o chupándose el dedo, "entrenando" para cuando necesite succionar la leche materna). El cuerpo del futuro bebé empieza a recubrirse de un fino vello llamado lanugo.

Cuarto mes. Ya se han formado las cejas y la nariz, y el pelo de la cabeza se hace más grueso. El número de células nerviosas ya es el mismo que tienen los adultos. A partir de la semana 16 ya es capaz de oír los ruidos que provienen del organismo de la madre. También empieza a percibir la luz a través de las membranas de los ojos, que aún permanecen sellados, y reacciona ante ella cuando se ilumina el vientre materno. Comienza a realizar sus primeros gestos, como fruncir el ceño y bostezar.

Quinto mes. Los reflejos se ponen en funcionamiento. Sus movimientos se vuelven más fuertes y es capaz de dar vueltas sobre sí mismo. Hacia la mitad del mes, su cerebro es muy similar al de los adultos, debido a que en este período su cuerpo produce cien neuronas por segundo. A esta altura ya capta ruidos del exterior y reacciona ante ellos. Sobre todo, es capaz de distinguir la voz de su madre. Si los sonidos le resultan agradables, acerca la cabeza al vientre de la madre, mientras que si el ruido que le llega no es de su agrado, la aleja. Es el mes en que se recomienda ponerle música suave y hablarle, para darle seguridad.

Sexto mes. El niño duerme entre 18 y 20 horas, pero cuando está despierto (aún tiene los ojos cerrados) tiene mucha actividad. El oído se perfecciona durante este mes y puede distinguir la voz del padre. Al final de este período se han formado las papilas gustativas. Es entonces cuando, al llevarse los dedos a la boca, es capaz de distinguir el sabor dulce del líquido amniótico y otros sabores que le llegan a través de lo que come su madre. Ya empieza a saber cuáles sabores le gustan y cuáles no.

Séptimo mes. Los huesos se empiezan a endurecer. La piel ya deja de ser transparente para adoptar un tono opaco. También deja de estar arrugada por los efectos de la capa de grasa que se forma debajo de la epidermis. El tamaño del cerebro es ahora bastante grande y su sistema nervioso le permite un rápido aprendizaje y realizar movimientos cada vez más complejos. Al finalizar el mes, el ritmo cardíaco del futuro bebé se acelera cada vez que la madre habla. Esto le permitirá reconocerla después del parto. Hacia la semana 28 abre los ojos, pero su vista sólo le permite distinguir las sombras de las luces.

Octavo mes. Su piel se vuelve rosácea y suave y tiene extremidades regordetas. Se mueve menos, debido al poco espacio que le queda en la cavidad uterina. El sentido de la vista ya está más desarrollado y reacciona a los cambios de luz del exterior. El oído funciona a la perfección, hasta el punto de que percibe con mayor claridad los sonidos graves que los agudos.

Noveno mes. Es capaz de distinguir a través de sombras los reflejos de luz que provienen del exterior y nota un resplandor cuando la luz del sol da en el vientre de su mamá. Los movimientos respiratorios son más frecuentes, aunque todavía no hay aire en sus pulmones. Al final de este período, engorda unos 28 gramos diarios. En la última semana mide entre 45 y 50 centímetros, y la falta de espacio lo obliga a flexionarse mucho. Cuando el parto está próximo, la parte encajada del niño presiona el cérvix uterino. Y, finalmente, el parto suele producirse entre las semanas 38 y 42, cuando todos los órganos del bebé funcionan correctamente. Con este capítulo damos por terminado el libro. Si fue el caso, ojalá te hayas sentido identificada y comprendida. Ojalá hayamos podido darte criterios para que puedas tomar o recomendar una decisión basada en lo que es bueno para tu vida. El material que sigue está compuesto de dos apéndices que consideramos importante agregar para darte una visión completa del tema, desde el punto de vista social y desde el punto de vista de la sanación. Por eso se llaman sencillamente "Más allá de la propaganda" y "Sanación", en ese orden.

APÉNDICE 1: MÁS ALLÁ DE LA PROPAGANDA

Este apéndice tiene por objetivo analizar brevemente los mensajes de la propaganda sobre el aborto. A nuestro criterio, esta propaganda muchas veces pierde el foco más importante, del cual venimos hablando: la salud y el bienestar de la mujer. Cuando una adopta una idea o un valor social, puede hacerlo de dos maneras: repetir una frase o eslogan sin pensar demasiado o, por el contrario, detenerse a pensar buscando la verdad, para luego obrar en consecuencia. Durante siglos, las mujeres fuimos condenadas a no pensar, a no opinar, a no decir lo que sentíamos. Como si fuéramos inferiores o subhumanas. En la actualidad el tema de la inferioridad de la mujer no sólo se cuestionó sino que ya está superado, aunque no totalmente en todas las culturas. La mujer pudo "ganar terreno" en la igualdad de condiciones en cuanto a su dignidad como persona humana. Sin embargo, lo que ocurre hoy en día es que, por razones vinculadas a intereses políticos o económicos, muchas veces nos quieren imponer cosas que atentan contra nuestro bienestar; pero, como verás, en vez de imponerlas por la fuerza, las imponen a través de eslóganes o frases armadas que, casi sin darnos cuenta, vamos incorporando como propias. A esta altura del libro, creemos que ya eres consciente de que el aborto no es la mejor solución para tu vida, pero queremos invitarte a reflexionar y a sentir esto a través de varias ideas breves y de eslóganes de campañas que te incitan a abortar. Quizás sientas que el tono de este apéndice sea más vehemente que el del resto del libro, pero creemos que está justificado. Sentimos que cuando uno percibe con claridad un aspecto de la realidad, es muy difícil callar. Surge desde lo más profundo la necesidad de dar a conocer eso que vemos y de este modo despertar la conciencia muchas veces adormecida.

Oscurantismo contra la mujer.

Se llama oscurantismo a una creencia que va contra la lógica o la ciencia. Y se llama oscurantista a una persona (o grupo) que afirma algo o actúa contra la lógica o la ciencia. En el caso del aborto, verás que hay un gran oscurantismo sobre el tema, que nos afecta directamente como mujeres. ¿Por qué decimos esto? Porque, como vimos, la ciencia ha demostrado dos cosas indiscutibles: que el embrión es una persona humana (tiene un código genético propio, distinto del de la mamá) y que el aborto produce un daño profundo en las mujeres, comprobado en miles de casos. Pero, aun así, hay grupos oscurantistas que, por ideologías o por simple fanatismo, muchas veces niegan esto, sin contar con una base lógica, científica o humana. Es más, la ciencia dice exactamente lo contrario de lo que estos grupos afirman. Y lo más grave de todo es que, generalmente, desconocen las consecuencias del aborto en la mujer. Estos grupos afirman que están a favor de la mujer, pero, como vimos tantas veces, finalmente es al revés. ¿Cómo se explica que el daño del aborto, que debería ser tan claro, sea negado por tantas personas inteligentes? Es algo que llama mucho la atención. Políticos, médicos, psicólogos, periodistas, activistas sociales y gente preparada y con estudios, aun frente a una evidencia tan clara como la que nos da la ciencia moderna (sin mencionar el sentido común), no ven el daño que el aborto produce en la mujer. Es más, en nuestros días, estar a favor de la despenalización del aborto es visto como políticamente correcto y hasta como un progreso humanista. Y estar en contra es visto como ser retrógrado y antimujer. Exactamente al revés de la realidad. Esta extraña paradoja tiene una explicación, y te la vamos a dar a partir de un ejemplo: si vives en un país democrático, ¿alguna vez te preguntaste cuántos años hace que la mujer tiene derecho al voto? Es probable que 100 años atrás las mujeres de tu país no pudieran votar, porque se las consideraba inferiores a los hombres, incapaces de usar su raciocinio para la política. Esta supuesta incapacidad de la mujer era tomada como verdadera por la sociedad, aunque la lógica siempre indicó y sigue indicando lo contrario. Era un "punto ciego" en la sociedad. Y a esto queríamos llegar: a lo largo de la Historia, cada época se caracteriza tanto por sus intuiciones como por sus "puntos ciegos". Así se explica que civilizaciones enteras hayan podido a veces permanecer, durante períodos muy largos, sumidos en errores sorprendentes. Basta recordar los duros debates que en su momento se produjeron en torno a cuestiones hoy felizmente (casi) superadas, como la esclavitud, la segregación racial, la tortura, etc. Hoy nos parece increíble que alguien pensara que una persona de raza negra fuera poco más que un animal, pero hasta hace 150 años era normal. Hoy nos parece increíble que a la mujer se la haya tratado como subhumana, pero en ciertas épocas era normal (y en algunos lugares lo sigue siendo). Hoy nos parece increíble que una civilización como la romana disfrutara viendo a gladiadores despedazándose. O que millones de personas de un continente culto como el europeo aceptaran casi sin titubear que existieran razas inferiores. Por ejemplo, en el siglo XIX, en Europa, el antisemitismo era visto como políticamente correcto y era socialmente aceptado; los círculos intelectuales, políticos y de periodistas adherían a él, porque era la "moda" del momento, y estar en la vereda contraria implicaba desprestigio profesional o social. Curiosamente, hoy el antisemitismo nos causa repulsión, y quien adhiera a él es visto (con razón) como una persona inhumana. ¿Qué sucedió? Luego de mucho dolor y muerte, se aclaró este "punto ciego", es decir, la sociedad vio que estaba en un error y cambió. Históricamente hablando, hizo falta el exterminio de seis millones de personas para que la sociedad abriera los ojos y cambiara. Y así hay cientos de ejemplos que hoy nos parecen repulsivos y en su época fueron vistos como normales ¡O hasta como avances humanistas!

Creemos que la situación con el aborto es similar; mucha gente está enceguecida ante esta realidad tan clara y comprobada, y de alguna manera el tema logró instalarse como políticamente correcto y como una conquista social. Esta ceguera quizás esté dada por ignorancia, pero en mayor medida puede deberse a una creciente desensibilización y adormecimiento de la sociedad en general. Pudimos observar que los partidarios del aborto que actúan fanáticamente suelen ser mujeres que pasaron por esta experiencia, o bien personas en cuya familia el aborto está presente (trátese de una madre, una abuela, una tía, etc). Recordemos que el aborto despierta un conflicto que, de no ser resuelto, predispone a las personas a repetirlo, transmitiéndolo de una generación a otra. Por otro lado, no desconocemos que seguramente existen personas que con una convicción profunda pero equivocada practican o contribuyen a la práctica de abortos, creyendo que realmente es lo mejor para esas mujeres. Por supuesto que en estos casos también esta convicción está sostenida por las historias personales y familiares que ya conocemos. Por último, no podemos dejar de tener en cuenta que mucha gente, afectada también por historias de deshumanización, hace un gran negocio con el aborto. Recalcamos lo de negocio, porque, casi siempre, detrás de una ideología hay alguien que se beneficia económicamente, como ya veremos. ¿Quién sabe? Quizás dentro de unas décadas, cuando las mujeres del futuro estudien nuestra cultura y vean nuestra ceguera acerca del daño que se le producía a la mujer con el aborto, piensen lo mismo que pensamos nosotros de aquellos que, por ejemplo, veían como algo humanista a la selección racial o la esclavitud.

Si la Medicina es tan clara, ¿por qué hay leyes y campañas a favor del aborto? Quizás te estés preguntando esto: ¿por qué, si la Medicina es tan clara con respecto a que un feto es una persona, existen leyes y toda una industria del aborto en la que justamente los médicos son los principales operarios? Ocurre que, como ya dijimos, los médicos forman parte de esta sociedad emocionalmente adormecida y a su vez, como ya mencionamos también, porque es una industria, un negocio de miles de millones de dólares. Haz la cuenta. En el mundo, por año, se abortan aproximadamente 43 millones de niños y niñas (casi la misma cantidad de gente que murió en la Segunda Guerra Mundial, ¡pero cada año!). Imagínate la cifra de dinero que ese negocio implica. Así como los mercaderes de armas dicen que las producen para preservar la paz, los mercaderes del aborto muchas veces argumentan que lo hacen para preservar la vida, en este caso, de la madre. Sabemos bien que esto es contradictorio, pero deja mucho dinero. El mismo dinero con el que se financian las campañas y se les paga a los políticos para que legalicen o mantengan legal esta práctica. Por eso, si estás pensando en hacer o aconsejar un aborto, ten presente que no sólo estarás haciendo o aconsejando algo que, ante todo, le quitará la vida a un hijo y dañará profundamente a su madre, sino que, también, muchas veces será un negocio para alguien, más allá de que usen un atractivo eslogan para disfrazarlo.

La ferocidad de la ley. Aborto ilegal y aborto legal.

A veces se confunde el tema. Se dice que si hubiera una ley del aborto, ésta facilitaría la decisión y preservaría la vida de la mujer, ya que evitaría el terrible mercado del aborto clandestino en el que muchas mujeres mueren. Sin embargo, ninguna ley puede presentar como bueno algo que es perjudicial desde el punto de vista más importante, el humano.

Sosteniéndonos en todo lo expuesto hasta ahora, creemos que la despenalización del aborto, que facilita el acceso y permite realizarlo en quirófanos bien equipados, no es una solución. Sigue habiendo dos víctimas: una muere y la otra sufre profundas consecuencias. En otras palabras: no hay ni habrá ley que evite el daño tanto en la madre como en el hijo. En todo caso se evitarán consecuencias médicas sobre la mamá y el accionar del mercado negro (relativamente), pero en definitiva será una ley feroz, porque será una ley de muerte. No nos confundamos: que algo sea legal no significa que sea bueno ni humano. Tal como vimos, las leyes de los pueblos, en general, representan sus creencias y valores en una época determinada; pero esto no significa que siempre sean correctas o infalibles. Pueden responder a "puntos ciegos" y en algunos casos estar inducidas por intereses económicos. De hecho, leyes que en ciertos países y épocas parecían lógicas y humanistas, hoy nos parecen impensables. ¿Cuál es la solución, entonces? Legislar buscando el bien de la mujer y del niño. Si tenemos en cuenta los derechos humanos y los avances de la embriología podemos ver con claridad que la ley del aborto es contradictoria. Por lo tanto, creemos que la solución de fondo es concientizar sobre la verdad del inicio de la vida y la realidad del aborto y, desde este lugar, promover políticas que apoyen la maternidad. De esta forma, sintiéndose las madres protegidas y acompañadas, serán ellas mismas las que protejan y acompañen el desarrollo de sus propios hijos. Ésa sería una verdadera ley humana. La otra sería una ley feroz. La discriminación más peligrosa. Como sabrás, en una gran mayoría de los países, felizmente se ha avanzado contra todo tipo de discriminación por raza, religión, creencia política, tendencia sexual, enfermedades, discapacidades y hasta por ser portador de enfermedades como el VIH SIDA, por ejemplo. Nuestras sociedades y gobiernos están comprendiendo que discriminar es inhumano y, por lo tanto, lo han declarado ilegal. Sin embargo, en este contexto de mayor aceptación de las diferencias, nos duele constatar esta paradoja: nadie te puede discriminar si tienes piel oscura o clara, si crees en tal religión o si eres homosexual. Pero durante los primeros meses en los que estás dentro del vientre de tu mamá, sí pueden hacerlo: no tienes ningún derecho, ni siquiera a tu propia vida, aunque la ciencia y la Medicina hayan probado que seas una persona humana, distinta de tu mamá, y no una parte de su cuerpo. ¿Te das cuenta? En los países más "avanzados" contra todo tipo de discriminación, los primeros meses de vida de un ser humano son los más peligrosos, porque el embrión carece de todo derecho y puede ser eliminado sin que ninguna ley lo defienda. El mundo del revés. Fíjate otra contradicción sorprendente que tenemos en muchas sociedades. Por un lado, estamos aboliendo la pena de muerte por ser algo bestial e inhumano, pero, por el otro, se está promoviendo el aborto, y nadie parece ver una incompatibilidad en esto. ¿Un caso concreto? En una violación (una de las cosas más aberrantes que nos pueden pasar como mujeres) el violador va a la cárcel, y, aun siendo culpable, no se lo ejecuta, (ni se lo tortura, obviamente) porque tiene derechos humanos, y el primero de esos derechos es a vivir. Pero, sorprendentemente, al bebé fruto de esa violación, muchas veces, sí se lo ejecuta, sin tener ningún tipo de culpa o responsabilidad: su único delito es… existir. ¿Cómo se explica esto?

Ahora veamos algunos eslóganes comunes y reflexionemos juntas acerca de ellos.

Eslogan 1: Un feto no es una persona / Un feto es parte del cuerpo de la madre. Piensa esto: un niño concebido en una probeta ¿es parte de la probeta? ¿No suena ridículo? Ya lo mencionamos muchas veces a lo largo del libro: la Medicina demostró que un embrión es un ser humano que será adulto si lo dejan crecer. No es parte del cuerpo de la mamá, o algo no humano que luego se "convierte" en humano. De hecho, los que afirman que un feto no es una persona, no saben explicar en qué momento el feto deja de ser "algo no humano" para convertirse en humano. Y no saben explicarlo porque no se puede: desde el principio es humano. Desde la concepción, el código genético es humano y diferente del de la madre. Y no hace falta mencionar que con el avance de la ciencia (ultrasonido, ecografías, filmaciones intrauterinas) cada día se hace más difícil afirmar que un feto no es humano.

Pero, como vimos, muchas veces las leyes de la sociedad tienen "puntos ciegos" y van contra la evidencia y la lógica. O sea, muchas veces se manejan en el oscurantismo, o creyendo elegir el mal menor (logrando lo contrario) o bien, movidas por intereses económicos.

Eslogan 2: Educación sexual para no abortar, aborto legal para no morir.

Este eslogan es muy famoso y, a nuestro juicio, es un grave error, porque está incompleto. Analízalo por unos instantes: "aborto legal para no morir" ¿Quién no va a morir? La mamá. Estamos de acuerdo, es una persona y no debe morir; su familia, el Estado o las muchas instituciones que existen deben protegerla y acompañarla. El que sí muere es el bebé, sólo que esta muerte no está legalmente reconocida. Ya vimos que el aborto ilegal es igual de terrible que el legal, en ambos hay dos víctimas: una muere y la otra queda con profundas consecuencias durante toda su vida. Y ninguna ley puede sanar ese daño. Llegando a esta instancia, es muy común el siguiente pensamiento: "El aborto ya existe, es una práctica ya instalada en la sociedad y que deje de existir no es tarea fácil. Legalizándolo al menos evitamos los riesgos y peligros de muerte tan frecuentes en los abortos clandestinos". Con respecto a este argumento, muchas veces escuchado, queremos responderte dos cosas: Por un lado, por supuesto es doloroso que las mujeres mueran a causa de los abortos realizados. Pero piensa lo siguiente: justificar la legalización sería como decir: como no están utilizando bien la "herramienta" o la técnica del aborto (razón por la cual al matar a otro —al bebé— se matan a ellas mismas), brindémosles todas las condiciones para que la usen bien y le quiten la vida a ese otro sin que corra un riesgo la vida de ellas. ¿No suena esto a una locura? ¿Está bien como sociedad brindarles las condiciones para que puedan matar sin riesgos a sus propios hijos? Por otro lado, está confirmado que en otros países en los que se legalizó el aborto no disminuyeron los abortos ilegales, y por ende no disminuyó la mortalidad materna. Esto ocurre porque muchas mujeres prefieren seguir haciéndolo en forma clandestina, oculta, lejos de cualquier control o posible identificación. (Una prueba más de que, en el fondo, la mujer sabe que lo que está haciendo no es algo bueno para ella ni su hijo)

Eslogan 3: Nosotras parimos, nosotras decidimos.

Queremos que veas esta frase y la pienses dos segundos, con sentido común. Sería muy cierta si lo parido fuese algo inanimado, como el cabello que uno se corta; algo que el día de mañana no pudiera cuestionar la validez de esa frase diciendo: "Es mi vida, ¿por qué deciden sobre ella?". Lo trágico de este dilema es que el bebé aún carece de voz, no puede pensar eslóganes, crear afiches o conseguir políticos, jueces o artistas que soporten su causa. Y sobre este eslogan que apela a la libertad de manera tan vacía e incompleta, ¿no habría que preguntarse en nombre de qué libertad se le puede negar a alguien la libertad de nacer?

Eslogan 4: Derecho a decidir.

Decidir sobre uno mismo es un derecho, pero decidir sobre otro tiene un límite. Hoy nos parece inentendible que en ciertos países de Asia la mujer no pueda casarse con el hombre que ama, porque sus padres deciden por ella con quién se tiene que casar. O sea, nos parece horrendo que alguien decida sobre la vida (en este caso, afectiva) de otro. Imagínate entonces que alguien no sólo decida por tu vida afectiva, sino, directamente, por tu vida entera. ¿No sería aberrante? Decidir está perfecto, siempre y cuando no haya un tercero en juego.

Eslogan 5: Dueñas de nuestros cuerpos.

¡Qué cierto es esto! Somos dueñas de nuestro cuerpo, ¿quién puede negarlo? Nadie tiene derecho siquiera a tocarlo sin nuestro consentimiento, y menos aún a lastimarlo o matarlo. Pero, ¿esto se aplica también a los bebés en riesgo de ser abortados? ¿Ellos son dueños de su cuerpo, o ya el eslogan no vale para ellos? Y si son mujeres, ¿tienen ese derecho o no? La libertad para el cuerpo está perfecta, pero su uso no debería ir en perjuicio de otro. Porque, en este caso, esa libertad es la misma que exigiría el niño si dispusiera de voz: la libertad de tener un cuerpo para poder disponer mañana de él con la misma libertad que hoy le niegan. El derecho a tener un cuerpo debería encabezar el más elemental código de derechos humanos. Como ya vimos, la ciencia dice que un bebé en gestación no es parte del cuerpo de la madre. Es otra persona distinta, que tiene vida propia, sólo que depende de la madre para desarrollarse durante unos meses y luego nacer y ser independiente.

Eslogan 6: El aborto es un asunto religioso y de creencias personales.

Ya desde el comienzo del libro, vimos que esto no es así. Puede ser que las religiones se opongan al aborto, porque va en contra de un principio fundamental en ellas, que es el de "no matar", o bien porque promueven ayudar a cualquier ser indefenso. Sin embargo, la defensa de la vida no es un principio exclusivo de las religiones, sino que es inherente al hombre. Tal como vimos, el aborto es un asunto humano, y ante todo propio de la mujer: desde lo físico, lo psicológico y lo emocional. No es necesario creer en algún dios para entenderlo. El hecho de que algunas personas quieran simplificar el tema llevándolo a una cuestión religiosa responde muchas veces a fanatismo, intereses ideológicos o bien al desconocimiento de los dramas humanos que giran en torno al aborto.

Eslogan 7: Un hijo tiene que ser querido, no impuesto. / No me impongan ser madre.

Esto es claro, la maternidad no se puede imponer. Ninguna de nosotras puede ser obligada a ejercer la maternidad. Aunque nuestros instintos más profundos nos vinculen fuertemente y nos lleven a querer y a cuidar a un hijo, como seres racionales, podemos optar por no hacerlo. Muchas veces sentimos que no contamos con los recursos necesarios, emocionales o económicos. Sin embargo, fíjate en la contradicción del eslogan: por un lado, pide que otro no decida por nosotras (nos imponga ser madres); pero, por el otro, nosotros podemos decidir por un tercero, a quien le imponemos que deje de existir, al abortarlo. Si la maternidad no se puede imponer, el derecho a vivir no se puede negar. Por otro lado, ¿estamos seguros de que nosotros fuimos hijos queridos y buscados? ¿No habremos sido inoportunos y fuera de los planes? Si ése fuera el caso, es importante agradecer a nuestras madres que no decidieron por nosotros y nos dejaron ser lo que somos. Permítenos contarte una historia: el conocido director de cine italiano Franco Zeffirelli nunca escondió la verdad sobre su nacimiento. Su padre natural, Ottorino Corsi, que era mercader de seda, estaba casado, pero no con la que fue su madre, Alaide Garosi. "Yo sé bien —explicaba— lo que significa nacer contra el parecer de los demás, porque soy hijo ilegítimo. Mi nacimiento fue un escándalo. Mi madre, que era modista, perdió toda la clientela que tenía en la buena sociedad florentina. Y desde el primer momento tuvo que vencer mil obstáculos para que yo naciera. Hasta su madre, mi abuela, quería que abortase. Le decían que yo estaría condenado al ostracismo. Y, sin embargo, ella se negó rotundamente a abortar. He pasado la infancia en una situación irregular, pero siempre bajo el signo del amor, y esto sí que me ha influido. Mi madre perdió sus clientes, pero decía que no le importaba nada. Yo soy una especie de aborto frustrado. Estoy en el mundo un poco por casualidad. Quizá por eso aprecio más el milagro de la vida." Por eso, la única actitud honesta en estos casos es la de una total solidaridad con la mujer. No es lícito dejarlas solas. Hay que comprenderlas y acompañarlas. Si es ayudada, y si al mismo tiempo es liberada de la intimidación del ambiente circundante, entonces será capaz de apostar por la vida de su hijo, y de preservar la suya de un profundo daño, incluso con heroísmo.

Eslogan 8: El aborto libre no obliga a nadie a abortar. / Si no crees en el aborto, no lo hagas, pero déjame optar.

Este eslogan suena lógico, pero tiene sus riesgos. Imagínate que existiera el asesinato libre, la libertad de disparar a la persona que nos moleste, sin consecuencias legales. Claro, esto no obligaría a nadie a asesinar a otro, pero ¿cuántos asesinatos habría por día? Muchos, quizás, porque sería simple. Si haces ruido a la hora de la siesta, te mato. Si no me gusta tu color de piel, te mato. Si no piensas como yo, te mato. Si eres un padre insoportable, te mato. Y sin consecuencias legales. ¿Exagerado? En los países en donde el aborto es legal (todas las estadísticas oficiales lo muestran) los abortos se multiplicaron exponencialmente, sólo porque es simple y se promueve hacerlo en un ambiente médicamente seguro, más allá de que, como ya dijimos, los abortos clandestinos muchas veces siguen existiendo. Recuerda lo que vimos sobre el síndrome postaborto en el capítulo 3. Al daño que sufre la mujer en su salud emocional y psicológica no lo sana ninguna ley ni código en el que el aborto sea legal y se practique en un quirófano ultramoderno. Muchas mujeres acusan a médicos y asesores de que no les habían informado suficientemente sobre las consecuencias psíquicas y emocionales y afirman que, de haber sabido qué riesgos somáticos y psíquicos implicaba el aborto, lo más probable es que no lo hubieran hecho.

Eslogan 9: El Estado debe proveer los medios para la decisión que tome la mujer: abortar o continuar con el embarazo.

Aquí nos encontramos con una contradicción muy básica. El Estado debe proteger toda vida humana. No es lícito dejar solas a las mujeres con embarazos de riesgo o inesperados. Si se las escucha, se las contiene y se las ayuda, como ya dijimos, es muy probable que tomen la decisión de seguir adelante con su embarazo. Pero llevarlas al camino aparentemente más fácil, que no es el mejor camino, necesariamente las expondrá al daño que ya conoces. Además, recuerda que el embrión es también una vida humana que merece la protección de todos, incluidos los médicos y el Estado.

Eslogan 10: Promujer, proaborto.

Sabemos que este slogan hace referencia a la libertad de la mujer, invitándola a actuar contra sus propios instintos. Sin embargo, algo es realmente promujer cuando le hace bien, le evita un daño y la protege. Cuando la hace feliz. Y a esta altura del libro creemos que ya eres consciente de que el aborto es justamente lo contrario. Gracias por haber leído este apéndice. Sabemos que fue largo y quizás por momentos sonó duro o repetitivo. En todo caso, hemos intentado ser lo más consistentes y claras posible, porque en el terreno propagandístico se dice mucho, se debate y se confunde mucho, pero se pierde el foco del problema. Nuestro desafío ha sido abordar el tema desde el punto de vista científico y humano, despojado de toda connotación religiosa, política o ideológica.

APÉNDICE 2. SANACIÓN

Este apéndice surgió frente a la necesidad de dar respuesta al dolor que puede estar viviendo una mujer que abortó. Sobre todo porque se trata de un dolor que generalmente se vive en silencio, en soledad, en forma oculta. Un dolor que no se comparte, del que no se habla, y algunas veces avergüenza. Al plantear las consecuencias del aborto vimos que quedaba un vacío: si una mujer finalmente aborta, ¿puede sanarse? Y en tal caso, ¿cómo es el proceso? No podíamos dejar este libro sin responder a esas dos preguntas. El consuelo que no consuela y el que sí. Cuando la mujer aborta, quizás su círculo social se acerque a darle algún tipo de consuelo, o a minimizar el hecho. En estos casos, se dicen muchas cosas equivocadas, que, en vez de consolar o sanar, logran todo lo contrario, porque no ayudan a que la mujer pueda realmente elaborar el duelo. Algunas cosas que escuchamos decir son: "Eres joven, puedes tener otros hijos", "Tu próximo embarazo será maravilloso", "En vez de pensar en esto, piensa en tus hijos sanos", "Hiciste lo mejor", "Es mejor perderlo ahora que de mayor", "No fue nada, olvídate", "Estabas en tu derecho, era necesario", "La vida sigue", etc. Todas estas frases no sirven de mucho, ya que no permiten comprender ni elaborar el daño que ella sabe que sucedió. Por el contrario, lo que más necesita la mujer que abortó es una mirada compasiva, una presencia amorosa que le permita reconocer y exteriorizar su dolor. Es muy probable que cuando la mujer sea acompañada de esta forma, ella misma sienta la necesidad de buscar ayuda. Entonces, ¿existen formas de ayudar a superar el daño que provocó el aborto en las mujeres? Sí, algunas de ellas, ideadas a modo de tratamiento psicológico (llevadas a cabo por profesionales), y otras, para las mujeres con creencias religiosas, a modo de camino de sanación espiritual (llevadas a cabo por agentes de pastoral de su religión). Nosotras queremos remitirnos sintéticamente al tratamiento de rehabilitación diseñado por el Dr. Philip Ney, en el cual se basa nuestra formación y experiencia profesional. Este tratamiento apunta a comprender y elaborar las causas que llevaron a una mujer a abortar, así como también a sanar sus consecuencias. A grandes rasgos, podemos diferenciar en dicho tratamiento tres grandes etapas, cada una de ellas con objetivos bien definidos. En la primera etapa, el objetivo es contribuir a la rehumanización de la mujer. Es decir, la acompañamos a entrar en contacto con las situaciones dolorosas de su infancia y la ayudamos a que, una vez elaboradas, pueda integrar las emociones y los sentimientos asociados a estas experiencias.

A partir de ello, la alentamos a reconstruir su propia historia, incentivándola a que pueda asumirse como protagonista de ella. Esta primera etapa la ayudará, además, a comprender mejor aquellos condicionamientos que influyeron en su decisión de abortar, permitiéndole adoptar una visión menos condenatoria de sí misma. En la segunda etapa, se tiene como objetivo rehumanizar a su bebé, resignificar el vínculo y elaborar los efectos traumáticos del aborto. Para rehumanizar a su bebé, intentamos que la mujer entre en contacto con ese primer vínculo con su hijo. En esta etapa la ayudamos a que lo pueda personificar, es decir, que pueda identificar su sexo, asignarle un nombre y visualizar algunas de sus características físicas y de personalidad. Luego impulsamos a la mujer a que pueda resignificar ese vínculo. Es decir, le ofrecemos un espacio para que pueda llorar a su bebé y la alentamos a que se permita asumir la maternidad, que aún puede ejercer de un modo espiritual o psicológico. En la tercera etapa, el tratamiento está orientado a que la mujer pueda realizar un proceso de reconciliación. La alentamos para que pueda perdonarse a sí misma, que pueda perdonar a todos los que directa o indirectamente influyeron en la decisión de abortar, y finalmente para que pueda sentirse perdonada por su hijo (y por Dios, en caso de ser creyente). Además, en esta última etapa es muy importante que la mujer pueda encontrar la manera de poner al servicio de los demás, a través de una actividad concreta, su propia experiencia de dolor.

¿Es posible convivir con la herida causada por el aborto? ¿En qué medida? Como ya sabes, el aborto necesariamente desencadena diferentes síntomas y conflictos. Sin embargo, la manera de vivenciarlos, a nivel consciente, depende de las circunstancias que hayan rodeado al embarazo, pero principalmente de la personalidad de cada mujer (de su autoestima y de la eficacia de su sistema defensivo, o, como se dice en psicología, de su fortaleza yoica). Por estos motivos, muchas mujeres poseen la capacidad de mantener apartadas de su conciencia las vivencias vinculadas al aborto. Si bien conviven con la herida causada por el mismo, considerándolo como un hecho más en sus vidas, esta convivencia se dará a costa de un gran esfuerzo interior, aun cuando éste no sea directamente registrado por la persona. Estas mujeres estarán obligadas a emplear una gran cantidad de energía al servicio de mantener alejados esos sentimientos de su conciencia, así como también al servicio de evitar toda situación que pudiera recordarles el aborto y, por lo tanto, reactivar los síntomas y conflictos asociados a él.

Muy diferente es la situación de aquella mujer que, por distintas circunstancias, tomó conciencia de este daño. Si bien es dolorosa, esta conciencia es la que le permitirá iniciar un camino de sanación y reconciliación, posibilitándole la elaboración de cada uno de los síntomas y conflictos. Aunque difícil, creemos que éste es el modo más saludable de convivir con la herida del aborto y superarla parcialmente.

Un embarazo posterior a un aborto, por más que sea un embarazo deseado y buscado, ¿puede verse afectado por el aborto anterior de la mujer? ¿Es un embarazo normal? Si bien la herida del aborto no puede borrarse del todo, su influencia en un próximo embarazo va a depender de la mujer, de cuán elaborado tenga el duelo. Está demostrado que una mujer que no pudo, por diferentes motivos, elaborar ese duelo, estará en peores condiciones de afrontar su próximo embarazo, aun cuando éste sea deseado y buscado. Tal vez esto podría explicarse debido a que, inconscientemente, parte de sus sentimientos y emociones se hallarán aún ligados a su otro hijo, aquel que no nació, dificultando el vínculo con su próximo bebé. A su vez, esto último se vería agravado por la culpa que, al no haber sido elaborada, podrá volverse patológica, pudiendo hacerse presente durante el embarazo de distintas maneras. Esto podría darse inconscientemente a través de fuertes temores; por ejemplo, a recibir un castigo por parte de la vida o de su dios y temer como consecuencia que su hijo sea "anormal", o bien a través de comportamientos autodestructivos, tales como no cuidarse apropiadamente durante los meses de gestación. Suelen ser embarazos en los que la ambivalencia propia de los tres primeros meses se intensifica y en los que prevalece un monto importante de ansiedad y estrés.

Por el contrario, aquellas que se enfrentaron a esos duelos y los elaboraron, seguramente, estarán en mejores condiciones de acoger amorosamente a su próximo hijo, dando lugar a un embarazo normal. Te compartimos algunos indicadores que nos pueden llegar a dar un indicio sobre si el duelo fue elaborado o está en proceso de sanación: ¿pudo llorar a su bebé?, ¿pudo ponerle un nombre y darle un lugar en la familia?, ¿pudo comprender y aceptar aquellas circunstancias personales que la llevaron a abortar?, ¿pudo reconciliarse con su hijo, con los demás y con ella misma?

Y con este apéndice terminamos. Si conoces a alguien que haya pasado por este trance, nuestro consejo es que la orientes para que pida ayuda a un profesional bien preparado; que la incentives a iniciar un camino de sanación emocional y espiritual que le permita vivir su vida con mayor plenitud.

ACERCA DE LAS AUTORAS

Lucila Dondo

Nacida en Buenos Aires en 1974. Licenciada en Servicio Social. Iniciadora en la Argentina de una institución dedicada a la orientación y apoyo de mujeres con intención de abortar y directora durante los años 1997 a 2007.

Carolina de la Fuente

Nacida en La Rioja en 1973. Licenciada en Psicología. Con formación especializada en las causas y consecuencias del aborto y en el Tratamiento de Rehabilitación del Síndrome Post Aborto. La S.O.U.R.C.E., Bordeaux, Francia. Orientadora y acompañante de mujeres con intención de abortar y mujeres que atravesaron la experiencia de un aborto, desde el año 2001 a la actualidad.